CHARLES V. EMPEREUR D'OCCIDENT,
ROI D'ESPAGNE, DES INDES, &c.

Ph. J. Maillart Sculp.

instruction de l'Empr charles V a philippe II son fils. nouv. edit. liege du Soer 1788 8° pag 83. 2 fig.

cette instruction contient de très bonnes leçons, des vues sures et experimentales sur les differentes branches de l'administration politique et civile. C'est inutilement que l'éditeur prend la peine de justifier charles V sur une ou deux maximes qui ne paroissent pas trop bien assorties a la morale chretienne. Comme il y a toute apparence que ce prince n'a rien dit de tout ce que renferme cette instruction, ces maximes ne lui appartiennent pas plus que le reste.

journ de liege 1788 1 Mars pag 325

Extrait d'une lettre de Bruxelles, écrite au Redact
du journal de Luxembourg, inserée dans le dit journal
du 1 mars 1788 pag 334 &ca
les details interessans que j'ai trouvés touchant
george cassander dans votre journal du 15 8bre 1787
pag 286, me font venir la pensée de vous envoier
passage suivant qui s'accorde parfaitement avec ce
que vous avez dit de cet ecrivain fameux, je le copie
fidelement dans l'ouvrage intitulé: friderici reiffe
bergii e societate jesu presbyteri historia societatis
jesu ad rhenum inferiorem tom 1. col aggripp: apud
franeisc: wilhelm: jos: Metternich 1764 fol.
pag 120. XXVII. lapsus demum errorem ipse est ca
sander et vela vertit coloniæ aggripinæ &ca &ca
journ: de lux 1 mars 1788 pag 334 &ca

INSTRUCTION

DE

L'EMPEREUR

CHARLES V

A

PHILIPPE II

SON FILS.

NOUVELLE ÉDITION.

A LA HAYE.

M. DCC. LXXXVIII.

AVERTISSEMENT.

IL eſt ſûr que la plupart des maux de la Société Civile, & que les plus grandes calamités des Etats, procedent de l'ignorance & de la méchanceté des Princes qui les gouvernent, & de ce qu'ils s'abandonnent à des paſſions honteuſes, & criminelles.

Leur ambition leur met les armes à la main pour acquérir de nouvelles Provinces, aux dépens du bien & du ſang de leurs ſujets. Leur avarice les porte à les appauvrir par des ſubſides exceſſifs.

Leur vanité les engage à faire un mauvais uſage de leurs richeſſes, au lieu de les employer à récompenſer le mérite, le ſavoir, & la vertu. Leur injuſtice fait une infinité de miſérables; elle dépouille les uns des biens qui leur appartiennent légitimement, & prive

a

les autres des récompenſes qui leur ſont dues. Leur impiété ſe répand ſur tous leurs ſujets, & les infecte de toutes ſortes de vices. Leur incapacité eſt cauſe qu'ils ſe déchargent du fardeau du Gouvernement ſur leurs Miniſtres & ſur leurs Favoris, dont la plupart faiſant un mauvais uſage de leur pouvoir, n'ont en vue que l'agrandiſſement de leur Maiſon, & l'établiſſement de leurs créatures.

Au lieu qu'un Prince habile, ſage & pieux, fait fleurir la paix, la tranquillité, la concorde, le négoce, les arts, les ſciences & la vertu dans ſes Etats, & en chaſſe les vices, les ſcandales, le libertinage, le luxe, les débordements, les excès, & les débauches; il épargne également le ſang & le bien de ſes Peuples, & il leur communique ſa piété, chacun s'efforçant à l'envie d'imiter l'exemple du Souverain.

C'eſt pourquoi, l'Ecriture-Sainte, lorſqu'elle menace les Juifs d'un des plus grands fléaux dont ils pouvoient être affligés, leur dit, que Dieu leur donnera des enfants pour Rois.

Ainsi il importe infiniment pour le bien public, que l'on prenne tous les soins possibles pour former les jeunes Princes à la vertu, & pour orner leur esprit de toutes les connoissances qui leur sont nécessaires.

Pour cet effet, on doit leur donner des Gouverneurs qui se distinguent, non-seulement par l'ancienneté de leur Noblesse, par l'éclat de leur Maison, qui leur inspire d'ordinaire des sentiments nobles, grands, & héroïques, & par le rang sublime qu'ils tiennent dans l'Etat, mais sur-tout par leur sagesse, par leur capacité, & par leur piété ; & il faut qu'on cultive de bonne heure ces jeunes plantes, pour les rendre capables de porter tous les fruits qu'on peut attendre d'une bonne éducation.

Plusieurs Auteurs ont donné aux Souverains les leçons dont ils ont besoin pour se rendre habiles dans l'art de regner ; & nous avons un grand nombre d'Ouvrages où l'on a compris les regles de la politique & tout ce qu'un Prince doit savoir pour gouverner ses sujets avec gloire & avec succès.

Mais les meilleures Instructions qu'on ait publiées, sur une si importante matiere, sont celles qui ont été composées par les Princes mêmes, & surtout par ceux qui ont surpassé autant les autres Souverains par leur capacité & par leur lumieres, qu'ils étoient au dessus des autres hommes par leur puissance & par leur grandeur.

Ceux qui excellent dans quelque Art, sont plus propres à en discourir, & à en enseigner les maximes, que ceux qui se mêlent d'une science dont ils ne sont pas profession.

Jamais perſonne ne donna de ſi bons avis pour réuſſir dans l'art Oratoire, que le Pere de l'Eloquence latine. Jamais Hiſtorien ne décrivit avec plus de juſteſſe & d'exactitude des exploits guerriers, que Jules-Céſar répreſente les ſiens dans ſes incomparables Commentaires.

Il n'y a point d'Ouvrage qui ſoit plus propre à retenir les Souverains dans leur devoir, que celui qui a été fait ſur ce ſujet, par un Prince (1) du Sang Royal de France, qu'on a appellé avec raiſon le Catéchiſme des grands, & qui a été ſi bien reçu des Connoiſſeurs qu'on en a fait diverſes Editions, & qu'on l'a traduit en pluſieurs langues.

L'Inſtruction de Charles-Quint à Philippe II ſon fils, qu'on donne maintenant au Public, peut-être regardée

---

(1) Le Prince de Conty, qui étoit Gouverneur du Languedoc.

comme un Chef-d'Œuvre en son espece. Elle contient une Politique si juste & tant de belles maximes, qu'on a cru qu'il seroit agréable à tous ceux qui la liront de voir les efforts que fit cet Empereur pour contribuer, même après sa mort, au bonheur de ses sujets en général.

Il est vrai qu'il s'y trouve une ou deux maximes qui ne conviennent pas avec celles du Christianisme, quoiqu'elles soient suivies par la plupart des Souverains.

Mais les Lecteurs qui y feront attention, remarqueront ce qu'elle a de contraire à la Morale Chrétienne, & la distingueront des autres qui ne contiennent rien que de juste.

Ils verront qu'un Prince Chrétien ne doit pas suivre le Conseil de Charles-Quint, qui veut qu'on tienne ses Amis & ses Alliés dans une grandeur médiocre, & qu'on seme la discorde parmi ses voisins.

L'art de la guerre s'étant extrêmement perfectionné depuis le tems de Charles-Quint, les avis qu'il donne sur cette matiere ne peuvent se pratiquer présentement. Mais cependant ils ne laissent pas d'avoir leur utilité & de faire connoître comment on combattoit dans les siecles passés.

L'Empereur Charles-Quint a été un des plus grands & des plus habiles Princes de la Maison d'Autriche : ses descendans ont conservé avec beaucoup de soin cette Instruction, qui est sans contredit un Ouvrage de sa façon. Il a conservé dans ses Archives & dans sa Bibliotheque diverses copies, l'une desquelles tomba entre les mains de la Reine Christine avec un grand nombre d'autres manuscrits très-rares & très-curieux.

Quelque tems après l'occasion de les acheter se présenta : malgré la chereté, un curieux ne fut pas jaloux d'enfouir cette rareté ; il la communiqua à un Traducteur, qui s'amusa à la rendre de l'Italien en François, & on ne tarda pas à la multiplier par la voie de l'Impression.

INSTRUCTION

PHILIPPE II ROY D'ESPAGNE

INSTRUCTION

DE

CHARLES V

A

PHILIPPE II,

SON FILS.

J'Ai résolu, mon très-cher Fils, de remettre entre vos mains la Souveraineté de mes Etats, comme je vous ai dis plusieurs fois que j'en avois formé le dessein. C'est pourquoi vous donnerez les ordres nécessaires, afin qu'au premier jour je le fasse en public, avec les Cérémonies & les Solemnités requises dans de semblables occasions. Vous ferez aussi expédier *incessamment* les provisions des Gouverneurs des Provinces, afin que tant eux, que les Peuples & les Magistrats, vous reconnoissent pour leur Souverain, & vous rendent l'obéissance qui vous est due. Il faut de plus que les Généraux des Armées, & les Commandans des Places fortes, vous prêtent ferment de fidélité ; & qu'ils fachent qu'à l'avenir ils doivent dépendre entiérement de vous.

Comme le nombre des Princes qui fe font dépouillés de la fuprême puiffance, pour en revêtir leurs Succeffeurs, eft fort petit, vous devez inférer de là, combien grand eft l'amour que je vous porte, combien je fuis perfuadé de votre bonté, & combien je defire votre agrandiffement, puifqu'au lieu de demeurer dans la poffeffion de la Souveraineté de mes Etats, jufqu'à la fin de ma vie, comme font prefque tous les autres Princes, j'aime mieux imiter des exemples fi rares, & que de Souverain je me réduis à la condition de fujet.

Certainement, il y a beaucoup moins de gloire à conquérir des Provinces, & à affujettir des Royaumes par la force des armes, qu'à fe vaincre foi-même, & fur-tout qu'à furmonter l'ambition de dominer, pour fe mettre en état d'obéir. C'eft à quoi l'amour-propre s'oppofe de tout fon pouvoir, confidérant d'un côté, le plaifir que l'on goûte en commandant, & de l'autre, la rigueur des Loix auxquelles on fe foumet, lorfqu'on renonce à la fouveraine Autorité.

Outre que cette même paffion tâche d'offufquer les lumieres de notre entendement, en lui repréfentant l'extrême différence qu'il y a entre ceux qui font deftinés à juger les autres ; & ceux dont la fortune dépend du jugement d'autrui, qui souvent est injuste, soit par intérêt, ou par corruption.

Cependant l'amour paternel, & mon devoir ont prévalu à toutes ces raisons ; car voiant que j'étois dans un âge avancé, que mon corps étoit usé par les fatigues , & travaillé de diverses incommodités , que mon esprit étoit rassasié de gloire. Et considérant d'ailleurs, qu'à cause de mes occupations continuelles, je n'ai pû m'acquitter de ce que la Religion Chrétienne exige de moi, j'ai cru que je devois me détacher des liens de ce monde, & me confiner dans quelque retraite, pour y mener une vie religieuse. D'autre part je m'y suis aussi porté par la considération de votre âge, qui est mûr pour la conduite d'un Etat, & par la bonne opinion que m'a donné de vous la prudence que vous avez fait paroître dans le Gouvernement de l'Espagne.

Tous ces motifs m'ont déterminé à mettre sur vos épaules ce pesant fardeau, & en décharger les miennes, qui sont foibles & lasses de l'avoir porté si long-temps , ne doutant pas que les peuples que vous avez conduits avec tant de sagesse, ne me rémercient d'avoir pris cette résolution, & n'en rendent en même temps leurs actions de graces à Dieu.

Il faut maintenant, mon très-cher Fils, qu'avec la même tendresse, & le même amour paternel , qui m'a porté à vous céder le Gouvernement de mes Etats, je vous exhorte d'avoir, ſur toutes choſes, devant les yeux la crainte de Dieu, & ſon ſaint ſervice.

Vous devez auſſi avoir beaucoup de reſpect pour celui qu'il a établi ſon Vicaire ſur la terre, & défendre de tout votre pouvoir la ſainte Egliſe, & la foi Catholique; comme auſſi tâcher d'inſpirer les mêmes ſentimens, & la même dévotion à tous vos ſujets.

Souvenez-vous toujours que pour remédier à la briéveté de notre vie fragile & mortelle, il faut acquérir une bonne réputation, par des actions louables, qui feront vivre votre Nom après votre mort : à quoi rien n'eſt plus capable de vous animer, que de conſidérer la vertu, la grandeur, & la gloire de vos prédéceſſeurs; étant certain que la ſplendeur qu'ils répandent ſur vous, eſt comme un flambeau qui découvrira à tout le monde vos actions bonnes ou mauvaiſes. Si elles répondent à l'éclat de votre nobleſſe, elles rendront votre Nom illuſtre & immortel; mais ſi elles ſont indignes de vous, & de vos Ancêtres, elles vous couvriront d'un opprobre éternel!

Outre que ſi vous ne ſuivez pas leurs traces, & que vous n'imitiez pas leur valeur, & leur vertu, vous ternirez en quelque maniere le luſtre de leur gloire, & vous me cauſerez un chagrin & un répentir, qui ſera capable de remplir d'amertume tous mes plaiſirs, & de me faire paſſer le reſte de mes jours, dans une affliction & une douleur extrême.

En effet, ſi vous teniez une conduite ſi blâmable, ne diroit-on pas avec quelque apparence de raiſon, que ce n'eſt ni la foibleſſe de mon âge, ni le dégoût du monde, ni la bonne opinion que j'ai eu de vous, ni l'eſpérance que j'avois que vous gouverneriez bien mes Etats, & que vous feriez la félicité de mes ſujets, mais ſeulement mon propre intérêt, qui m'a obligé à me décharger de la Souveraineté : au lieu que ſi vous êtes tel que vous devez, & que je me promets que vous ſerez, outre qu'on me donnera la louange d'avoir fait un bon choix, vous me ferez jouir en ce monde d'un bonheur preſque parfait; & même il me ſemblera qu'après ma mort, je vivrai en vous, ſi vous êtes digne du Nom de mon Fils, & ſi vous voulez être un grand Prince.

Je n'inſiſterai plus là-deſſus, & je crois qu'il n'eſt pas néceſſaire que je m'attache à vous exhorter d'imiter la conduite que j'ai tenue pendant le cours de ma vie, laquelle j'ai preſque toute paſſée dans des entrepriſes difficiles, & des occupations pénibles, pour la défenſe de l'Empire & pour la Propagation de la ſainte Foi de Jeſus-Chriſt, & pour maintenir mes peuples dans le repos, & dans la ſûreté. Je vous dirai ſeulement, que comme au commencement de votre regne les deux avantages que vous avez d'avoir été engendré de moi, & de me reſſembler de viſage, vous gagneront, ſi je ne me trompe, l'amour de vos ſujets; il faut auſſi que de votre côté vous les traitiez ſi bien, que dans la ſuite vous n'ayez pas beſoin que le ſouvenir qu'ils auront de moi contribue à vous conſerver leur affection.

Ne vous imaginez pas, mon très-cher Fils, que le plaiſir de commander à tant de peuples, & la licence qui flate les ſens des Souverains, ne ſoit mêlée d'aucune amertume, & ne ſoit accompagnée d'aucune ſujétion. Si l'on ſavoit ce qui ſe paſſe dans le cœur des Princes, on verroit que les ſoupçons & les inquiétudes dont ſont agités ceux qui ont une conduite déréglée, les tourmentent & la nuit & le jour, & que ceux qui gouvernent leurs Etats avec ſageſſe & avec prudence, ſont accablés de divers ſoucis qui ne leur donnent aucun repos.

Et véritablement ſi l'on peſe avec une juſte balance, d'un côté, les prérogatives, & les prééminences de la Souveraineté, & de l'autre, les occupations où elle les engage, on trouvera que c'eſt une ſource de chagrin, plutôt que de joye, & de plaiſir. Mais cette vérité a une ſi grande apparence de menſonge, qu'il n'y a que l'expérience qui puiſſe la rendre croyable.

Il faut que vous ſachiez, que la charge de la conduite des Etats que je mets aujourd'hui ſur vos épaules, eſt plus peſante que celle du Gouvernement de l'Eſpagne, qui eſt un Royaume d'une ſucceſſion ancienne, ferme, & aſſurée; au lieu que l'acquiſition des Etats de Flandre, d'Italie, & des autres

Provinces dont vous entrez en possession, est plus nouvelle, & qu'ils sont exposés à plus de troubles & de changemens, sur-tout parce qu'ils ont pour voisins des Princes puissans & belliqueux.

Outre que le grand nombre & la vaste étendue de ces Etats, & de ces Royaumes, augmente les soins & les soucis de celui qui les gouverne, & que pour si peu qu'on ajoute à un juste fardeau, on accable celui qui le porte, de même qu'un aliment superflu ne peut que causer de l'indigestion dans un estomac, qui a pris une nouriture suffisante.

Ce n'est pas une petite marque d'habileté, de bien conduire un petit Etat; mais c'est une chose qui semble passer les forces des hommes, d'en bien gouverner plusieurs, comme il est impossible d'exécuter avec succès, deux diverses entreprises dans un même temps.

Si chaque Navire doit avoir son Pilote, & chaque Armée son Général, à plus forte raison est-il nécessaire que chaque Royaume ait son Roi. Mais l'avidité des hommes les a portés dans de si grands excès, & a tellement passé les justes bornes, dans lesquelles ils devoient se contenir, que plus on possede de biens, plus le desir d'en posséder davantage s'accroît. On regarde même comme une lâcheté, & comme une bassesse de cœur, non-seulement d'abandonner le superflu qu'on a acquis, mais aussi de ne pas employer toutes sortes de moyens pour faire tous les jours de nouvelles acquisitions.

Mais parce qu'à cet égard la raison est toujours surmontée par l'amour-propre, & que dans l'âge où vous êtes, on a le cœur tout plein d'ambition, je ne vous ferai pas un long discours pour vous persuader une chose contraire à ce qui se fait ordinairement. J'excuserai même cet abus, sur ce que tous les hommes, ou du moins la plupart, & sur-tout ceux qui passent pour les plus généreux & les plus magnanimes, agissent de cette maniere, toutes les fois qu'ils en ont l'occasion.

Cependant, je vous prie très-instamment, de réparer en quelque façon cette faute, en vous proposant toujours une bonne fin, savoir de bien gouverner vos sujets; ce qui vous méritera beaucoup de gloire devant les hommes, & vous attirera la bénédiction du Ciel.

Pour cet effet, pensez que le Prince est comme un miroir exposé aux yeux de tout ses sujets, qui le regardent continuellement, comme le modele auquel ils se doivent conformer, & qui par conséquent, découvrent sans peine ses vices, & ses vertus. Ainsi un Prince quelque habile, & quelque adroit qu'il puisse être, ne peut pas espérer de leur cacher ses actions, & ses démarches. Que si pendant sa vie, il peut leur fermer la bouche, & empêcher qu'ils ne publient ses déréglemens & ses excès, après sa mort, ils en feront passer la mémoire à la postérité.

Tenez donc une conduite si juste, & si

réglée envers vos peuples, que voyant le soin que vous prendrez de les bien gouverner, ils se reposent entiérement sur votre prudence, & s'assurent sur votre valeur ; & de cette maniere, il se formera entre vous & eux une affection & un amour réciproque.

Souvenez-vous toujours, que le Souverain doit veiller continuellement pour le salut & le repos de ses sujets, comme le Berger pour la sûreté de son troupeau, & le pere de famille, pour tous ceux qui sont soumis à sa conduite.

Tous les soins que le Prince doit prendre de ces Etats, regardent ou le temps de la paix, ou celui de la guerre ; & toutes les actions des hommes se rapportent à ces deux temps. C'est pourquoi, l'on dit avec beaucoup de raison, qu'un Prince doit être muni d'un bon Conseil & d'une sage prévoyance pendant la paix, & qu'il doit être armé pendant la guerre ; & comme les Souverains pendant la paix doivent s'appliquer entiérement à procurer le repos de leurs peuples, il faut aussi que pendant la guerre ils travaillent à les mettre en sûreté ; ce qui ne peut que causer le bonheur de ses sujets, & allumer dans leur cœur une sincere & forte affection pour le Prince.

Il est certain, que les peuples se soumettent plus volontiers à l'Empire de leur Prince, lorsqu'il les tient sous un dur esclavage & que par l'amour on tire plus de services d'eux, que par la violence. J'avoue que la puissance qui est fondée sur la douceur du Souverain eſt moins abſolue, que celle qui ne ſubſiſte que par la crainte ; mais il faut tomber d'accord, qu'elle eſt plus ferme & plus durable.

La crainte tient en bride les ſujets, & les rend plus ſoumis aux volontés de leur Prince ; mais ce n'eſt que juſqu'à ce qu'il ſe préſente une occaſion de ſecouer le joug de la rigoureuſe ſervitude ſous laquelle ils gémiſſent, & qu'ils trouvent un appui qui ait la force de les détendre, & de les empêcher d'y retomber à l'avenir. La haine que cette crainte produit les oblige à tenter toutes ſortes de voyes, & à s'expoſer aux plus grands dangers, pour ſe mettre en un meilleur état.

Il ſemble à quelques-uns, que pour avoir un empire plus abſolu ſur ſes ſujets, on doit les tenir dans la pauvreté ; mais ſuivant mon opinion, c'eſt une très-grande erreur ; car dès qu'ils eſpèrent de vivre plus commodément ſous la dominatoin d'un autre, ils embraſſent ce parti avec une joye extrême.

Je ne voudrois pas non plus qu'on les occupât à des travaux bas & pénibles, pour les détourner de penſer à des nouveautés ; car outre que par ce moyen on abat leur courage, on les met dans la néceſſité de deſirer quelque changement, pour ſe procurer du repos ; & comme la fin que l'on ſe propoſe, lorſqu'on veut donner de la crainte eſt blâmable, les moyens dont on ſe ſert pour y parvenir le ſont auſſi.

Qu'il ſoit beaucoup plus louable de ſe faire aimer par ſes ſujets, que de ſe faire craindre, il paroît par les causes qui produisent ces deux effets. Celles de l'amour, sont les bienfaits, les bons traitements & la justice, qui sont des choses dignes de louange ; & celles de la crainte, sont les insultes, les traitemens rigoureux, & les injustices, qui sont des choses qui méritent le blâme de tout le monde. Or il est constant, que l'effet qui est la suite nécessaire d'une cause, est de même nature qu'elle.

D'ailleurs, l'Autorité qui est fondée sur l'amour est beaucoup plus ferme & plus solide, bien qu'elle soit plus modérée ; au lieu que celle qui n'est appuyée que sur la crainte est beaucoup moins durable, bien qu'elle soit plus absolue.

La même chose se justifie par la disposition des sujets ; car l'amour de leur Souverain répand dans leur cœur la joye, la confiance, un amour réciproque, & un zele respectueux; mais la crainte fait naître les soupçons, la défiance, le chagrin, & la haine. C'est pourquoi, l'on dit que l'amour regne parmi les parens, & la crainte parmi les ennemis.

Il y a trois vertus (outre l'amour de la Religion) qui gagnent le cœur des sujets, la foi, la continence & la justice. La foi rend le Prince integre, & le porte à tenir sa parole; car s'il ne le faisoit, qui est-ce qui se fieroit à lui, & qui pourroit compter sur ses promesses.

La continence lui attire le respect de ses peuples, & les excite à imiter son exemple.

D'ailleurs, elle le met en état de réprimer & de corriger leurs vices, & leurs déréglements; ce qu'il ne pourroit faire sans rougir, s'il étoit lui-même digne de censure & de blâme.

La justice lui apprend à récompenser les bons, à punir les méchans & à traiter chacun suivant qu'il le mérite. La justice contient les peuples dans le devoir par la crainte des peines qu'elle fait souffrir aux criminels, & elle les encourage à la vertu par les récompenses qu'elle distribue à ceux qui en sont dignes. Elle met en sûreté leur honneur, leur bien, & leur vie : & sans elle, toutes les armes & les forteresses du monde ne seroient pas capables de réprimer les désordres, & de maintenir la tranquillité dans l'Etat.

Il faut donc que la justice & l'honnêteté prévaillent auprès de vous à toute autre considération, & que dans vos Etats, on fasse justice, & qu'on ne la vende pas. Si vous en usez de la sorte, vos sujets seront satisfaits de votre Gouvernement, sur-tout si vous vous appliquez à faire fleurir leur commerce, & s'ils sont convaincus qu'ils ne travaillent pas seulement pour leur Prince, mais aussi pour eux, & pour leur famille.

Il faut de plus que par vos soins il y ait abondance de vivres dans vos Etats, rien n'étant plus capable de tenir vos peuples dans une bonne disposition à votre égard. Il vous sera aisé de leur procurer cet avantage, en prévoyant la disette, & en faisant, dans un tems commode, les provisions nécessaires, pour les distribuer ensuite à vos sujets dans leur besoin, sans en retirer aucun profit, & sans que cette précaution leur soit à charge.

Le Prince est assez riche, si ses sujets le sont, parce que lorsqu'il sera obligé d'avoir recours a eux, ils lui donneront toujours tout le secours qu'il leur demandera, comme ayant gagné leur cœur par ses bons traitemens, & lui étant redevables des soins qu'il prend pour les faire vivre dans l'aise & dans l'abondance.

Ces sortes de bienfaits sont si sensibles à ceux qui les reçoivent, qu'ils ne les oublient jamais; & dans la nécessité, on est plus obligé à ceux qui nous donnent une petite assistance, qu'à ceux qui dans la prospérité nous font des présens considérables. D'ailleurs, de tous les biens qu'on nous fait, il n'y en a point qui nous attache si fortement à nos bienfaiteurs, que ceux qui servent à l'entretien de notre vie.

Enfin si un Prince veut être aimé de ses peuples, il faut que de son côté il les aime, & qu'il pense que rien n'est plus capable de gagner leur affection, que la douceur de son Gouvernement, & le soin qu'il prend de leur repos & de leur sûreté.

En effet, la sujétion étant de sa nature une chose odieuse, il faut que le Souverain la rende agréable par une bonté paternelle, qui seule est capable d'affermir son Empire; au lieu que la crainte qu'on inspire aux peuples, ne peut que produire de méchans effets, comme il a été dit ci-dessus & que d'ailleurs, elle n'eſt gueres convenable à un Prince Chrétien.

Il ne faut pas au reſte qu'on s'imagine, que les Fêtes & les Spectacles ſeuls ſuffiſent pour faire vivre les peuples dans la joye & dans les plaiſirs; car cela n'arrive, que lorſque ces divertiſſemens leur ſont donnés par un Prince dont ils ont ſujet d'être contens.

Le Prince ne peut pas ſupporter les charges du Gouvernement, ſans impoſer ſur ſes ſujets des tributs, pour fournir aux dépenſes où il eſt engagé pendant la paix, & ſur-tout pendant la guerre. Mais il ne doit exiger d'eux des ſubſides qu'avec une juſte modération, laquelle dans toutes les occurrences doit être la regle des actions des hommes, & principalement lorſqu'il s'agit de tirer de l'argent des peuples.

Il eſt même à ſouhaiter que l'on ait leur conſentement dans ces occaſions, parce que la puiſſance de celui qui leur commande eſt fondée là-deſſus. C'eſt pourquoi, on doit obſerver une médiocrité raiſonnable dans les impoſitions, & les lever de gré à gré, quoiqu'il ſemble qu'il ſoit plus avantageux de contraindre les ſujets à payer de groſſes ſommes.

Il eſt vrai que les continuelles occupations que m'ont donné les guerres que j'ai eues ſur les bras, m'ont obligé à appeſantir à cet égard la main ſur mes peuples. Mais je l'ai fait en quelque maniere contre ma volonté.

Or il faut que vous fachiez que le Domaine du Prince, foit particulier, foit public, s'accroît par deux moyens, favoir, en augmentant celui dont il jouit, & en y ajoutant de nouveaux revenus; & c'eft à ces deux Chefs que toutes les inventions que les Princes ont employées pour trouver des deniers, fe peuvent rapporter.

Il y a auffi deux moyens pour exiger de l'argent, foit de fes fujets, ou des autres, l'un volontaire, & l'autre involontaire. On a des exemples du premier dans la vente des Gabelles, des Offices, & dans les autres aliénations des droits, & des rentes du Souverain. On fe fert du fecond, lorfqu'on impofe fur les peuples des Gabelles, & d'autres tributs, fans leur accorder aucune récompenfe, ni aucun dédommagement.

Le premier moyen eft plus doux, parce qu'il n'eft accompagné d'aucune contrainte; c'eft pour cette raifon qu'il faut le préférer à l'autre, & créer plutôt de nouveaux Offices, que de penfer à mettre de nouvelles Charges fur le Peuple : & à caufe de cela, j'ai fouvent réfolu de prendre cette voye, pour amaffer l'argent dont j'avois béfoin; mais diverfes confidérations m'ont empêché d'exécuter ce deffein, & de faire des Monts à vie comme on le pratique à la Cour de Rome, parce qu'ils apportent un profit prompt au Prince, & que les vacances & les expéditions feules rendent prefque autant, que les revenus ordinaires.

Certainement, c'eſt un expédient très-ingénieux, & très-utile au Souverain ; & l'on en voit manifeſtement l'avantage, puiſque par ce moyen les nouveaux Papes, quelque épuiſé qu'ils trouvent le tréſor du Siége Apoſtolique, ont bientôt fait amas de groſſes ſommes d'argent.

Il eſt vrai qu'à la Cour de Rome, il n'y a pas tant d'inconvéniens à vendre les Offices de Judicature qu'il y en pourroit avoir ailleurs; car ceux qui achetent ces Charges, n'ont pas en vue de ſatisfaire leur avarice, mais de s'élever par là à de plus grands Emplois. Outre qu'il eſt aiſé de remédier à leurs injuſtices, en recourant à leurs Supérieurs.

Le ſecond moyen d'exiger de l'argent des peuples, que nous avons dit être involontaire, eſt de ſoi-même très-odieux. On peut néanmoins l'adoucir, & le rendre ſupportable, pourvu qu'on l'excuſe par l'exemple des voiſins, qui ſont beaucoup plus chargés par leur Prince.

Il faut auſſi qu'on permette aux peuples de s'adreſſer au Souverain pour en obtenir quelque ſoulagement, lorſqu'il y aura lieu de le leur accorder, & que par des manieres douces & honnêtes, on tâche de leur faire ſupporter patiemment les Charges qu'on leur impoſe, leur inſinuant entr'autres choſes, les raiſons preſſantes que l'on a de les traiter de la ſorte.

Ces contributions involontaires ſont, où perpétuelles, comme les Gabelles, les Tailles, &c. ou ou passageres, comme les Taxes, & les Capitations. Ces dernieres font plus crier les peuples que les premieres, parce que d'ordinaire elles sont plus grandes, mais ils s'appaisent bientôt, lorsqu'ils pensent qu'elles ne durent pas long tems, & qu'on en est quitte, en faisant un seul payement. Outre que l'on n'a accoutumé de les imposer que sous prétexte de quelque nouvelle nécessité.

Les charges perpétuelles sont celles qui fâchent le plus ceux qui les supportent; mais avec le temps ils s'y accoutument, & enfin ils s'en accommodent le mieux qu'ils peuvent : cependant les passageres doivent être préférées aux autres, sur-tout lorsque l'Autorité du Prince n'est pas bien affermie, de même qu'il vaut mieux se servir d'un remede plus fort, mais dont l'effet est plus prompt, que d'une Médecine qui n'opere que lentement. D'ailleurs, par ce moyen le Souverain peut remplir ses coffres tout d'un coup.

Mais je dois sur-tout vous avertir de ne pas charger le peuple de la dépense des Officiers & des Exacteurs des Tributs, & d'empêcher qu'ils ne les levent avec violence, & avec rigueur. Car ces sortes de charges, & le mauvais traitement que leur font ces gens-là, les choquent beaucoup plus, que le payement des sommes à quoi ils ont été taxés. Outre que le Prince n'en retire aucun profit, & que ses sujets étant ainsi épuisés, sont moins en état de fournir, dans d'autres occasions, à ses nécessités.

Les revenus ordinaires du Souverain, s'accroissent en augmentant les premieres impositions, en faisant valoir le bien qu'on a abandonné, en améliorant celui qu'on a négligé, en retranchant les dépenses inutiles & superflues, & en diminuant les nécessaires.

Le Prince peut se servir de divers moyens pour augmenter ses revenus; mais il doit prendre garde de ne pas trop charger le peuple, & sur-tout de ne mettre aucun subside sur les choses que ses sujets sont obligés d'envoyer hors du Pays, comme sur les grains, dans la Sicile, & sur les vins & les soyes, dans le Royaume de Naples, comme aussi sur ce qu'il faut nécessairement que les Etrangers transportent dans ses Etats, pour la subsistance des habitans.

Le Prince doit considérer, que plus les droits qu'il exige sont modérés, plus il vient du dehors des denrées nécessaires aux siens; car lorsque les subsides ne sont pas considérables, les Marchands font un plus grand profit, en vendant leurs marchandises.

La même raison fait que ses sujets envoyent hors du Pays les choses dont ils peuvent se passer. De cette maniere, ils ont abondance de tout ce dont ils ont besoin, & ils amassent de l'argent par la sortie de ce qu'ils ont de superflu, pour pouvoir plus facilement payer les tributs au Prince, & subvenir à ses nécessités.

A l'égard des choſes qui ne ſervent que pour le plaiſir, ou pour la commodité, on peut y impoſer de plus grands droits, parce que le commun peuple n'en ſouffre point, pouvant ſe paſſer de ces ſuperfluités, & que ceux qui ont moyen de s'en pourvoir, ne ſe ſoucient pas de faire quelque dépenſe extraordinaire, pourvu qu'ils puiſſent ſe contenter.

Lorſque le Prince veut augmenter ſes revenus, il faut qu'il le faſſe plutôt en limitant & en diminuant le gain des publicains qui les ont affermés, qu'en cauſant quelque dommage au peuple; car autrement, ce ſeroit la même choſe, que ſi on le chargeoit de nouvelles impoſitions.

On doit auſſi donner un temps commode au peuple pour payer les anciens ſubſides. Ainſi lorſqu'on en a beſoin pour l'Eté, on peut les impoſer l'Hiver précédent; parce que ce délai eſt une eſpece de grace; & il en faut commettre l'exaction aux Officiers ordinaires, & ne pas envoyer des gens exprès pour les lever, parce que ce ſeroient des dépenſes odieuſes, qui ſeroient ſupportées par le peuple.

Mais comme je l'ai déjà dit, il vaut mieux vendre, ou engager les rentes ordinaires, & avoir recours aux autres voyes volontaires, pour trouver l'argent dont on a beſoin dans les preſſantes néceſſités de l'Etat, que de le faire en épuiſant la bourſe des miſérables, qui gagnent leur vie à la ſueur de leur viſage; car, voyant qu'on leur met des fardeaux inſupportables, ils ne peuvent que deſirer quelque changement, & que faire tous leurs efforts pour ſecouer un joug ſi peſant.

Il faut de plus, pour ſoulager les peuples autant que l'on peut, avoir égard aux Provinces, & aux Pays dont on veut exiger quelque choſe, afin que les habitans puiſſent ſupporter plus commodément les charges qu'on leur impoſe. Dans les lieux d'où le Prince ne peut tirer que des hommes, il ne doit point y lever de l'argent. Vous ne pouvez, par exemple, tirer de l'Eſpagne & de l'Allemagne que des hommes, & de la Flandre que de l'argent; mais vous pouvez lever en Italie de l'argent & des hommes.

Lorſque les impoſitions ſont un peu hautes, on doit permettre aux particuliers d'en appeller, afin qu'on puiſſe les modérer; ce qu'ils recevront comme une grace, & qui d'ailleurs facilitera la levée des tributs. En effet, les peuples les payeront volontiers, & auront ſujet de ſe louer de leur Prince, s'il les écoute favorablement, & les renvoye toujours avec quelque ſatisfaction, ou du moins, s'il leur donne de belles paroles, leur faiſant connoître que la néceſſité où il ſe trouve l'oblige à les charger de la ſorte; car il faut que toutes les graces procedent du Souverain, & les choſes odieuſes de ſes Miniſtres.

Il faut auſſi que la levée des ſubſides ſe faſſe avec toute la diligence poſſible, & que l'argent qui en provient tombe entre les mains du Prince, & tourne à son profit, & non pas à celui de ses Officiers.

Il est nécessaire que le Prince maintienne son crédit auprès des Marchands; ce qu'il pourra faire facilement, en leur payant avec exactitude le Capital & les intérêts dont ils seront convenus. Vous devez sur-tout en user de cette maniere avec les Génois, parce qu'étant engagés avec vos Royaumes, par le moyen de l'argent qu'ils prêteront, ils dépendront de vous, sans que vous soyez obligé de faire une Citadelle dans leur Ville, ce qu'ils ne sauroient souffrir qu'avec une peine extrême. Par là, vous vous rendrez Maître de Gênes, qui est une Place très-importante en Italie, de même que le Roi de France a attaché les Florentins à ses intérêts, par le trafic qu'ils font à Lion.

Et parce qu'il est impossible que les Princes (sur-tout ceux qui possedent plusieurs Etats) les gouvernent tous seuls, il est nécessaire qu'ils soient secondés par des Ministres, qui les aident à porter un si pesant fardeau. D'où il s'ensuit, qu'il importe extrêmement d'en avoir d'integres & d'habiles. C'est pourquoi, je veux m'étendre un peu sur ce sujet.

Les trois principales qualités que doit avoir un Ministre sont la prudence, l'amour pour son Prince, & la bonté. La prudence le rend capable de son administration: l'amour fait qu'il prend à cœur les intérêts de son Maître; & la bonté, le porte à s'aquitter avec exactitude de son Emploi.

S'il est imprudent, il fera plusieurs fautes, s'il n'aime pas le Prince, il le servira avec négligence, & s'il est méchant, il ne voudra pas faire son devoir. Ainsi s'il n'est pourvu de toutes ces qualités, le Prince ne pourra pas se reposer sur lui, & ses sujets n'en seront pas satisfait.

Mais comme il est difficile d'en trouver de tels, il faut faire tout ce qu'on peut, & ne rien épargner pour les acquérir, quand on les rencontre; puisqu'on voit par expérience que tous les Princes qui ont eu cet avantage ont gouverné leur peuple avec gloire & avec succès, quoiqu'ils eussent de grands défauts.

Qu'est-ce qui a rendu le Nom de l'Empereur Justinien immortel, sinon l'habileté de ses Ministres & la valeur de ses Généraux, par le moyen desquels il fit de si grandes choses, & pendant la guerre, & pendant la paix?

Certainement, c'est une grande sagesse à un Prince, lorsque la nature ne l'a pas rendu assez accompli pour pouvoir gouverner lui-même ses Etats, de savoir choisir ceux qui en sont capables & d'avoir confiance en eux. De cette maniere il jouit des perfections de plusieurs personnes jointes ensemble, & il peut savoir beaucoup davantage, que ceux qui n'ont que leur propre science. Mais le Prince se peut dire fort malheureux, lorsqu'il n'a pas la capacité de gouverner lui-même, ni la docilité de suivre de bons conseils.

Un Prince pourra toujours avoir sa Cour

pleine de grands Miniſtres, pourvu qu'il en faſſe le cas qu'il doit, qu'il récompenſe leur vertu, & leurs ſervices, ſuivant leur mérite, & qu'il n'attende pas d'en être recherché, mais qu'il les recherche lui-même.

Il n'appartient qu'à un Prince que ſa proſpérité, & ſes tréſors ont rendu inſolent, de ſe croire digne des hommages de tous les hommes, & particuliérement des plus prudens & des plus vertueux, ſans conſidérer que les perſonnes d'un mérite diſtingué ont ſouvent le cœur auſſi élevé, que ceux qui commandent à de grands Etats

De là vient qu'ils ne ſe ſoucient pas de ſe ſoumettre à autrui, & qu'ils aiment mieux vivre en liberté dans une fortune médiocre, que d'occuper les premiers poſtes auprès d'un Prince, qui n'a pas pour eux toute l'eſtime & la reconnoiſſance qui leur eſt due.

En effet, le ſavoir, joint à la vertu, eſt une eſpece de Souveraineté, & même une véritable Souveraineté. Celui qui en eſt orné poſſede les biens réels & ſolides, qui ſont inſéparables de ſa perſonne; au lieu que les richeſſes, & les autres biens de la fortune & de la nature, peuvent être détruits par le tems & par mille accidens.

Or la répugnance qu'ont les perſonnes de ce caractere à ſe donner à quelque Prince, vient de ce que pour l'ordinaire les Grands n'ont pas pour eux autant de conſidération qu'ils devroient, & qu'ils eſtiment davantage des flateurs, ou des gens qui s'inſinuent dans leur amitié par de basses complaisances, que ceux qui sont recommandables par des talens extraordinaires.

Cependant, il est sûr, que l'on ne peut trop payer la vertu, & que la dépense que l'on fait pour acquérir un homme prudent, habile & integre, est une dépense également utile, honorable & nécessaire, parce que quelque libéralité qu'on puisse lui faire, il en mérite de plus grandes, qu'on ne sauroit mieux emploier son argent qu'à récompenser ses services, & qu'il est impossible qu'un Prince, sans le secours des bons Ministres, fasse de grandes choses, ou rende son Nom illustre.

C'est pourquoi, je vous conseille d'attirer auprès de vous des personnes d'une prudence & d'une habileté consommée, & de leur faire tous les avantages & tout l'honneur que vous pourrez, étant persuadé qu'en de certaines rencontres, un excellent Ministre vous pourra être plus utile par ses conseils, que plusieurs Régimens par leurs armes, & que des montagnes d'or dans vos coffres.

Ne croiez pas qu'un Prince, quelque sage & vaillant qu'il soit, puisse se passer de bons Ministres, puisque l'expérience nous apprend le contraire, & que les plus grands Princes du monde, en ont toujours eu plusieurs. Qui est-ce qui en a eu davantage que César, qui a été plus habile & plus brave que tous les Princes qui ont commandé à des peuples & à des soldats?

On voit même ordinairement, que si le

Prince a de la prudence & de la valeur, ses Ministres sont doués des mêmes qualités, & que s'il est foible, ses Ministres le sont aussi. En effet, un excellent Prince ne peut pas s'accommoder de Ministres incapables de le seconder; & un Prince mal-habile ne sait pas choisir des Ministres habiles; car chacun aime son semblable.

Imprimez donc bien avant dans votre esprit, mon très-cher Fils, les leçons que je vous donne touchant les Ministres, & il vous suffira à cet égard d'imiter mon exemple, puisque j'ai employé toutes sortes de moyens & que j'ai fait tous mes efforts, pour avoir auprès de moi, & dans mes Conseils, & dans mes Armées, des personnes du premier ordre.

Outre la prudence, la fidélité, & la bonté qui sont réquises dans un bon Ministre, comme je l'ai déjà dit, vous devez prendre soin que ceux que vous employerez en Italie puissent s'accommoder à l'humeur, & aux manieres des gens de ce pays-là. Il en doit être de même de ceux que vous envoyerez en Espagne, & dans vos autres Etats, car cette qualité est d'une très-grande importance pour l'heureux succès de leur administration.

Il faut observer la même chose dans le choix des Généraux de vos troupes, & considérer qu'il y en a qui sont capables de commander des armées de terre, & d'autres, des armées de mer. Ainsi Annibal fut heureux sur terre, & ne réussit pas sur mer.

Combien y en a-t-il qui sont très-propres

à gouverner certains peuples, qui ne le seroient pas à en commander d'autres? Il est vrai, qu'il y a des hommes si accomplis, qu'ils s'acquittent également bien de tout ce qu'ils entreprennent; mais le nombre en est fort rare : au-lieu qu'il y en a plusieurs qui n'ont que la prudenee & l'adresse nécessaire pour bien conduire une certaine sorte d'affaire, & c'est à cela qu'ils doivent être employés. Vous devez même faire grand cas de ces gens-là, puisque ce n'est pas une petite perfection, d'exceller dans quelque emploi, & dans quelque profession. Au reste, ne vous reposez pas sur un seul Ministre; mais ayez-en plusieurs, & choisissez-les de différens âges, afin de donner les principales Charges aux plus excellens, & que vous n'en manquiez jamais.

Prenez garde de ne pas confier les affaires de grande importance, sur-tout dans un tems dangereux, à des Ministres sans expérience; car dans ces occasions, les anciens Conseillers, & ceux qui ont été long-tems dans le Ministere, doivent être préférés aux jeunes.

Il ne faut pourtant pas qu'ils soient dans la décrépitude, parce que quelque habiles qu'ils ayent été dans la fleur de leur âge, lorsqu'ils sont trop vieux, ils deviennent méfians, irrésolus, soupçonneux, timides, chagrins, de même que les jeunes sont trop crédules & trop hardis.

Voilà pourquoi, on doit en choisir d'un

âge mûr, comme étant plus propres à remplir tous les devoirs de leur Emploi.

Cependant il faut auſſi mettre dans le Conſeil des vieillards, & de jeunes gens, parce que cet aſſemblage forme un concert, & une harmonie qui eſt très-agréable aux oreilles du Prince.

D'ailleurs, on profite de tout ce qu'il y a de bon dans tous ces âges, & ce mêlange produit ce bon effet, que les jeunes gens profitent du ſavoir des vieillards, & que la vigueur & le feu de ceux-là, ſe communiquent à ceux-ci ; auquel cas les jeunes gens doivent être conſidérés comme des vieillards, & les vieillards, comme de jeunes gens : de même que ceux d'un âge mitoyen doivent être regardés comme jeunes, ou comme vieux, ſuivant que leurs qualités & leur maniere d'agir ont du rapport avec celle de ces premiers ou de ces derniers ; parce que l'on doit eſtimer les Miniſtres, non-ſeulement par rapport à leurs années, mais auſſi eu égard à leur eſprit, & à la conduite qu'ils tiennent dans l'exécution des ordres de leur Maître.

Vous ne devez pas vous contenter de ſavoir en général ce que vous pouvez attendre de vos Miniſtres, ſuivant leur âge, & leur condition. Il faut de plus, que vous tâchiez d'avoir une connoiſſance particuliere de leur humeur, & de leurs qualités ; de même qu'il ne ſuffit pas qu'un Général ſache les regles qu'on obſerve dans des pays ſemblables à celui où il conduit ſon armée ; mais qu'il doit savoir s'il est riche, s'il abonde d'eau & de vivres, & les autres choses de cette nature.

Vous devez considérer, qu'encore que quelques-uns ayent assez de docilité & d'adresse pour s'instruire des affaires d'un nouveau Gouvernement qu'on leur confie, il est pourtant rare que d'abord ils les manient avec toute la capacité qui seroit nécessaire; car dans le commencement, ils peuvent causer des désordres, & irriter les peuples en violant leur coutume, & leurs privileges, sans penser que l'inobservation des choses qui paroissent de peu d'importance, peut produire de fort méchans effets, & qu'une étincelle peut causer un grand embrasement.

Afin que vous puissiez discerner les bons & prudens Ministres d'avec les autres, vous devez savoir que la prudence humaine s'acquiert en quatre manieres. La premiere est l'expérience des choses du monde, & à cause de cela on dit que qui pratique beaucoup apprend beaucoup. Ainsi plusieurs Princes, par la grande quantité d'affaires qui leur passent par les mains, & par le moyen des audiences qu'ils donnent & des consultes où ils assistent, deviennent habiles sans peine.

La seconde, est l'étude & la lecture des histoires, qui nous enseignent les événemens du monde, les effets des passions, & les motifs des actions des hommes. C'est là que l'on s'instruit des affaires de plusieurs siecles, & de divers peuples, & que sur la conduite des autres, on se forme de bonnes regles pour le gouvernement des Etats.

On acquierre la troisieme sorte de prudence, en voyageant; car par ce moyen on connoit les coutumes & les loix de plusieurs Nations, & l'on en fait un recueil, dont on se sert dans les cas particuliers.

Le quatrieme moyen de devenir prudent, c'est de vivre long-tems: car quand on n'apprendroit, s'il faut ainsi dire, qu'une chose chaque année, à la longue on pourroit parvenir à un grand degrés de prudence.

Les trois premieres manieres d'acquérir la prudence ne peuvent guères convenir aux jeunes gens. En effet, ce n'est que dans un âge avancé que l'on a l'expérience qui est nécessaire pour se former aux affaires. Ils n'ont pas assez de jugement pour profiter comme ils devroient, de la lecture des histoires, & dans un petit nombre d'années ils ne sauroient parcourir beaucoup de pays, ni recueillir beaucoup de fruit de leurs voyages, soit parce que dans la jeunesse on ne fait pas assez de réflections sur ce que l'on voit parmi les étrangers, soit par le même défaut de jugement.

Il est visible qu'on ne peut pas non plus leur attribuer la quatrieme sorte de prudence, puisqu'on n'y parvient que par une longue vie.

Mais un jeune Prince peut acquérir facilement toutes ces quatre especes de prudence, en appellant auprès de soi un nombre considérable de personnes prudentes, de chacune de ces eſpèces & en ſe conduiſant dans ſes affaires ſuivant leur conſeil.

Cependant, il doit préférer à tous les autres ceux qui ſont verſés dans les ſciences, & dans les hiſtoires, ſur-tout s'ils ont quelque uſage du monde, hors qu'il y en ait quelqu'un qui ait réuni en ſa perſonne toutes ces diverſes ſortes de prudence.

D'ailleurs, ces Miniſtres doivent être capables de bien manier les affaires de la paix & de la guerre; car c'eſt ſur ces deux Pôles que roulent toutes les délibérations du Prince, comme il a été dit ci-deſſus.

La ſeconde qualité que doit avoir un Miniſtre eſt la bonté, laquelle on peut connoître par ſa bonne réputation, & par ſes bonnes actions en quatre manieres, par hazârd, par artifice, par un commencement d'habitude & par une habitude formée.

Les bonnes actions qui ſe font par hazard, & par artifice, ſont diſtinguées de celles qui procedent d'une bonne habitude, en ce que celles-là ne ſont jamais accompagnées d'une bonne intention, comme celles-ci, bien que les unes & les autres puiſſent produire un bon effet; & parce que les ſecrets du cœur ſont difficiles à connoître, Dieu ſeul ſachant ce qui ſe paſſe dans notre intérieur, on ſe trompe fort ſouvent dans le jugement qu'on fait de ces actions

Mais il n'eſt pas impoſſible d'en faire un juſte diſcernement; pourvu qu'on s'attache à les obſerver avec une application continuelle ; car les premiers & les seconds ne font jamais de bonnes actions dans un bon dessein, mais les premiers, sans y penser, & les seconds par malice; au lieu que les troisiemes & les derniers, ont toujours de bonnes intentions.

Cependant, il y a cette différence entre les troisiemes & les derniers, que l'effet ne suit pas toujours les bonnes intentions de ceux-là, au-lieu que ceux-ci ne manquent jamais de mettre à exécution leurs bons dessins, parce que les troisiemes n'ayant pas entierement soumis leurs desirs à l'Empire de la raison, se laissent quelquefois transporter par leurs passions ; mais les quatriemes, qui les ont domptées, & assujetties à la vertu, laquelle seule domine dans leur cœur, n'en demeurant pas à de simples projets, leurs bonnes résolutions produisent toujours un bon effet.

Quant à ceux qui font bien par hazard ou par artifice, ils sont encore distingués de ceux qui agissent par un commencement d'habitude, à l'égard de la bonne intention ; car encore que ceux-ci ne fassent pas toujours le bien qu'ils voudraient faire, il est néanmoins certain, qu'ils ont des bons desseins, quoiqu'ils ne les exécutent pas toujours, & qu'on ne peut pas les accuser d'une malice expresse sous prétexte que leur conduite n'est pas uniforme, & qu'elle n'est pas toujours réguliere. Mais lorsque ceux-là s'éloignent du bien, on découvre manifestement leur méchanceté, & leur mauvaise intention.

Pour ceux qui ont une parfaite habitude de bien faire, il eſt encore plus aiſé de les diſcerner d'avec les autres, car ils agiſſent toujours avec une bonne intention, & ſuivent toujours les regles de la vertu.

De plus, ceux qui par artifice veulent paroître bons, comme ils ſont dans une crainte continuelle qu'on ne découvre leur méchanceté, ils ſont ordinairement rêveurs mélancoliques, & vivent dans des ſoupçons & des inquiétudes qui empêchent qu'ils ne goûtent un ſolide plaiſir, ni un véritable repos. Et c'eſt pour cela que Jeſus-Chriſt appelle les Hypocrites triſtes.

Mais ceux qui ſont véritablement bons & vertueux, ſont leur bonheur de leur bonté & de leur vertu, & ayant toujours l'eſprit tranquille, ils paſſent leur vie ſans crainte & ſans chagrin.

Outre la prudence, & la bonté, il faut auſſi qu'un Miniſtre ait de la fidélité, & de l'amour pour ſon maître. Le Prince ne manquera jamais de Miniſtres qui le ſervent fidélement, & avec affection, pourvu qu'il leur faſſe reſſentir les effets de ſa libéralité & de ſa bienveillance; qu'il les éleve à des dignités éminentes, & que par des honneurs & des récompenſes, il les engage à ſe donner entiérement à lui. Il ne faut pas qu'il ſe contente d'en obliger un ſeul; mais il eſt néceſſaire qu'il les gagne tous par les bienfaits, & il ne doit pas croire qu'il ſoit plus ſûr de ſe fier à ſes favoris, qui n'ont pas toute

toute la prudence requise pour lui donner de bons conseils, qu'à des personnes habiles & vertueuses, qu'il n'a attirées à son service que par le bien qu'il leur a fait; car il doit être persuadé que ces gens-là auront pour lui une fidélité inviolable, de peur d'être accusés d'une noire ingratitude, s'ils trahissoient leur bienfaiteur.

Un Prince qui en useroit autrement, préférerait souvent à un excellent & illustre personnage, des gens sans mérite, qui est la plus grande faute que l'on puisse faire dans le choix & l'usage des Ministres. C'est pourquoi, il faut que la vertu & l'habileté l'emportent auprès de vous sur toutes les autres considérations, & principalement sur les richesses & les autres biens de la fortune.

Quant vous aurez choisi de bons sujets, vous penserez ensuite à les enrichir, & à les ennoblir, lorsque vous trouverez qu'ils en sont dignes; car plus vous aurez élevé un bon Ministre qui sera de basse condition, plus il vous sera redevable, & plus il s'efforcera à se bien aquitter de son devoir.

On doit sur-tout, lorsqu'il s'agit de récompenser les Ministres, prendre garde à satisfaire leur désir, & à entrer dans leur inclination. Il y en a qui ne visent qu'au repos & aux commodités de la vie. Plusieurs ne souhaitent que les honneurs, & d'autres ne tâchent qu'à obtenir ce qui peut les contenter suivant leur âge, leur profession, leur fortune, & leur qualité. Si l'on manque à faire ces considérations, il arrivera ſouvent que les bienfaits ſeront mal employés, & ne ſatisferont pas ceux à qui on les aura accordés.

Quelques-uns ont cru, qu'il falloit mettre de la défiance entre les Miniſtres; mais pour moi, je n'ai jamais approuvé ce procédé, ne pouvant pas me perſuader qu'une mauvaiſe cauſe, telle qu'eſt la diſcorde, puiſſe produire un bon effet, & ſoit avantageuſe au Prince. Il me ſemble qu'il ſuffit qu'il y ait un peu d'émulation entr'eux, afin qu'à l'envi ils tâchent de ſe rendre plus dignes des graces de leur Maître, & de mériter de plus grandes dignités, comme l'Hiſtoire nous apprend que cela arriva entre deux Caporaux de Céſar.

Mais il faut empêcher que cette émulation ne ſe change en haine, comme cela ſe peut faire aiſément, lorſque le Prince (qui ne peut pas toujours tenir la balance égale) témoigne plus d'amitié, & fait plus de bien à l'un qu'à l'autre. Car les ſoupçons tourmentent celui qui eſt le moins favoriſé, l'envie le ronge, & le dépit l'aveugle, & l'enflamme tellement, que leur mésintelligence tourne au préjudice du Prince.

Lorſque vous aurez un nombre ſuffiſant de Miniſtres, vous en choiſirez quelques-uns pour vos Conſeillers, & vous ferez les autres vos Officiers, & vos Miniſtres dans vos Etats, vous ſervant de leur habileté, & de leurs Conſeils pour gouverner vos peuples avec ſuccès. De cette manière vous ne ſerez pas ſujet à faire beaucoup de fautes, & même vous pourriez rendre votre nom immortel par votre bonne conduite, & par vos exploits.

Prenez donc ſoin de faire amas d'un nombre conſidérable de Miniſtres, plutôt que de toute autre choſe, quelque précieuſe qu'elle ſoit. Il ne faut pas qu'un Prince appréhende qu'en ſe conduiſant ainſi par le conſeil & l'habileté des autres, il ſe prive de la gloire que méritent les belles actions; car on en attribue la principale louange, non pas à celui qui les conſeille, mais à celui qui réſout de les entreprendre, & qui en commet l'exécution aux autres.

D'ailleurs, le Prince peut agir avec tant d'adreſſe, que les délibérations de ſes Miniſtres lui ſeront attribuées; il pourra auſſi dans les occaſions demander leur ſentiment, ſans leur découvrir ſes ſecrets.

J'ai voulu m'étendre ſur cette matière, parce que j'ai cru que l'importance du ſujet le requeroit ainſi, & qu'il eſt impoſſible qu'un Prince acquière de la gloire, & gouverne bien ſes Etats, s'il n'eſt ſecondé par de bons & d'habiles Miniſtres. Je vous exhorte donc, mon très-cher fils, d'employer tous vos ſoins & toute votre application, lorſqu'il ſera queſtion de faire ce choix.

Les emplois que l'on donne pour un temps court, ne peuvent pas cauſer les ombrages & les jalouſies que l'on conçoit ordinairement contre ceux qui ont des Charges & des Gouvernemens à vie, parce que dans peu d'années on ne peut pas s'affermir dans le poſte qu'on occupe, ni ſe faire un grand nombre de créatures. Mais d'un autre côté, il faut conſidérer les inconvéniens & le danger qu'il y a ſujet d'appréhender par le changement, & par le peu d'expérience des nouveaux Gouverneurs.

Cependant, pourvu que les changemens ne ſoient pas trop fréquens, ils ſont préférables à une adminiſtration perpétuelle des mêmes perſonnes, parce que les peuples ſe dégoûtent enfin de ceux qui les gouvernent, bien qu'ils n'abuſent pas de leur autorité; & que la variété leur plaît en cela, de même qu'elle eſt agréable en toutes les autres choſes.

Il faut que les audiences ſoient aiſées, longues, & fréquentes, parce qu'elles contentent les peuples, qui croyent ſe ſoulager en partie de leurs maux, lorſqu'ils ont la liberté de s'en plaindre à leurs Supérieurs. D'autre part, le Prince par ce moyen eſt inſtruit des affaires, des paſſions & des deſſeins de ſes ſujets, comme auſſi de leurs intérêts: & c'eſt dans cette vue, de même que pour pluſieurs autres raiſons, qu'il doit de temps en temps parcourir ſes Etats, & ſes Provinces, mais non pas aſſez ſouvent, pour être à charge à ſes ſujets par la fréquence de ſes viſites, ni ſi rarement, qu'ils puiſſent s'imaginer qu'il les néglige, & que les Gouverneurs en prennent occaſion de ſe conduire entiérement à leur fantaiſie, & d'opprimer ceux qui ſont ſoumis à leur juriſdiction.

Tâchez de donner quelque ſatisfaction à ceux qui ont recours à vous, & renvoyez-les au moins avec des paroles douces. Ecoutez patiemment leurs plaintes, & répondez-leur avec bénignité. Empêchez que les puiſſans ne maltraitent les petits. N'ayez point acception des perſonnes, & n'ayez égard qu'au mérite des cauſes qu'on porte devant vous.

Lorſque des gens d'une mauvaiſe réputation ſoutiennent une bonne cauſe, il ne faut pas regarder ce qu'ils ſont, mais conſidérer les bonnes raiſons qu'ils vous alleguent. Et afin que les parties qui recourent à vous ſe plaignant de Officiers, où les récuſant comme ſuſpects, ſoient d'autant mieux convaincues du tort qu'elles peuvent avoir, & qu'elles donnent un entier acquieſcement à la Sentence de leurs Juges; ne faites pas difficulté de leur en accorder de nouveaux, leſquels étant joints avec les Officiers ordinaires, ſe trouveront d'autant plus engagés par le choix que vous aurez fait d'eux, d'exécuter leur commiſſion avec équité.

Cependant, il faut prendre garde qu'en nommant de nouveaux Juges à ceux qui en demandent, on ne donne aucune atteinte à l'honneur & à la dignité des Officiers ordinaires; & l'on doit en ces occations procéder en ſorte, (autant que la juſtice le peut ſouffrir) que leur autorité ſubſiſte en ſon entier, & qu'elle ſoit reconnue par les peuples de leur reſſort.

Ne jugez les cauſes d'importance qu'après

les avoir examinées mûrement; mais expédiez promptement celles de peu de considération, & des personnes misérables que vous devez prendre sous votre protection, comme sont les pauvres veuves, & les pupilles. Il faut aussi mettre dans ce rang les causes des Eglises, celles qui regardent les Dots, les Tutelles, les Dépôts, les Alimens, les Saleres, & autres semblables, & même celles des Artisans, des Marchands, & de ceux qui cultivent la terre, parce que ces sortes de gens ne peuvent pas perdre leur temps dans les Cours, ni dépenser leur argent à poursuivre des procès, & qu'il leur est plus avantageux d'être bientôt dépêchés avec quelque petite perte, que d'obtenir tout ce qu'ils prétendent, après s'être consumés en frais par les salaires qu'on est obligé de donner aux Notaires, aux Procureurs, & aux Avocats.

Les affaires que vous pourrez juger vous-même dans une seule Audience, il faut que vous les terminiez, & que vous renvoyiez les autres à vos Ministres, les partageant entr'eux, afin que les parties ayent une plus prompte expédition.

Dans les causes criminelles, où il est question de la vie, & d'autres peines corporelles, faites que les Juges mêlent la sévérité avec la douceur, & la douceur avec la sévérité, & qu'ils ayent égard aux cas, aux personnes, aux circonstances du lieu & du temps, à la maniere dont les actions auront été commises, & à d'autres semblables considérations;

car ceux qui gouvernent les Etats doivent s'accommoder aux occasions, & aux conjonctures des affaires, sans qu'ils ayent sujet de craindre qu'on puisse les accuser d'avoir acception des personnes.

En effet, pour agir suivant les regles de la prudence, & de la justice, on doit considérer la qualité des cas, & lorsqu'ils sont entiérement semblables, il faut toujours procéder de la même maniere: parce qu'il n'y a pas d'injustice à juger tantôt avec sévérité, & tantôt avec douceur, mais à rendre une Sentence différente dans de semblables circonstances.

Il est vrai, que cela semble contraire en partie à ce que l'on dit, que les Loix sont inflexibles, & immuables; mais cela s'entend de la Loi morte, qui doit toujours être exécutée suivant sa disposition, & sa teneur. Il n'en est pas de même de la Loi vivante, qui est le Prince, dont les Ministres, en faisant observer la Loi morte, doivent avoir les égards & les considérations dont nous avons parlé ci-dessus, pourvu qu'en l'expliquant, ils ne la violent pas: car le Prince & les Juges ont droit de l'interprêter, & ils doivent entrer dans l'examen de toutes les circonstances de l'affaire, pour prononcer un Jugement équitable.

Mais lorsque le Souverain, suivant son bon plaisir, sans s'arrêter à la Loi morte pour quelque considération particuliere, ou en certain cas, diminue, augmente la peine ordinaire d'un crime, ou la récompense d'une bonne action, cela ne doit pas faire une conséquence pour les autres.

Il faut que ceux qui prennent connoiſſance des différends qu'il y a entre le pere & le fils, le mari & la femme, le maître & ſes domeſtiques, les voiſins, les parens & les amis, les terminent plutôt comme Arbitres, & ſans obſerver les formalités de la juſtice, que comme Juges rigoureux, afin d'épargner les dépenſes que les parties pourroient faire. Et du reſte, on doit procéder ſuivant le cas dont il s'agit, ſes circonſtances, & toutes ſes qualités.

Prenez ſur-tout garde que dans vos Tribunaux on penche plutôt du côté de la douceur, que de la ſévérité, & de la cruauté, hors que dans des occaſions particulieres, il faille pour l'exemple & pour épouventer les méchans, faire quelque exécution rigoureuſe.

Laiſſez plutôt impunis les délits légers, & les crimes dont les preuves ne feront pas claires, que de condamner un innocent, pourvu que votre clémence n'invite pas les hommes au mal, & ne leur donne pas occaſion de s'abandonner à des excès.

Au contraire, ſoyez libéral & magnifique dans les récompenſes, & lorſque vous ne pourrez par des effets reconnoître les bonnes actions & les ſervices qu'on vous aura rendus, faites-le du moins par des promeſſes, & en donnant de grandes eſpérances.

Enfin, qu'il vous ſuffiſe que vos ſujets vivent avec modeſtie, ſans donner des ſcandales, & de mauvais exemples; & ne vous amuſez point à vouloir découvrir ce qu'ils font dans leur maiſon. Quand leur conduite ne ſeroit pas tout-à-fait innocente, ne vous en formaliſez pas, pourvu qu'ils pèchent avec précaution, & que leurs dérèglemens ne paroiſſent point en public, laiſſant à Dieu, qui pénetre les ſecrets des cœurs, d'en faire le châtiment, lorſqu'il le trouvera à propos.

Après que vous aurez écouté une partie, gardez une oreille ouverte à l'autre, & lorſque vous aurez pris une impreſſion, n'y perſiſtez pas avec opiniâtreté, ſi vous avez ſujet d'en prendre de contraires.

Agiſſez en ſorte que ceux qui auront recours à vous, qu'ils ne puiſſent pas compter ſur votre facilité, pour vous obliger à leur accorder ce qu'ils demandent, & à ajouter foi à leurs calomnies. Prenez garde auſſi, que par votre dureté ils ne déſeſperent pas que vous leur faſſiez raiſon; & pendant que vous ſerez en colere, ou poſſédé par quelque autre paſſion, ne jugez aucune affaire, ou du moins ſuſpendez l'exécution de vos jugemens, de peur que lorſque vous ſerez revenu à vous, on n'appelle de ces jugemens à vous-même.

Quant à votre Famille, & à votre Cour, je vous en ai parlé une autre fois; & ce que je vous ai dit ci-deſſus ſuffit pour vous faire comprendre comment vous devez vous gouverner à cet égard.

Vous aurez des gardes ſuivant la coutume,

plutôt pour la pompe, & pour la magnificence, que pour le besoin, n'y ayant pas apparence qu'ils vous soient nécessaires pour la sûreté de votre personne.

Les habits somptueux dans des occasions extraordinaires vous donneront une grande autorité, & les habits ordinaires, suivant l'usage commun, vous gagneront l'affection du public. Vous en userez de même à l'égard de votre Table, & des autres choses, prenant garde que l'excès ne vous attire l'aversion de vos sujets, & que la conformité avec eux, & une trop grande familiarité, ne les porte à vous mépriser.

Pendant le temps de la paix, vous devez vous attacher à des occupations dignes d'un Prince, comme à faire des choses utiles à vos peuples, à réparer des Ponts, à accommoder des Chemins, à orner des Maisons, à embellir des Eglises, des Palais, des Places, à rebâtir les murailles des Villes, à réformer les Ordres Religieux, à établir des Ecoles, des Colleges, des Universités, des Tribunaux de Justice, & choses semblables, qui peuvent contribuer à la commodité, & à l'avantage de vos sujets.

Mais je dois vous avertir, qu'il faut faire toutes ces choses, sans exiger d'eux de nouveaux subsides, car ces charges leur sont toujours fâcheuses, quelque fin que vous vous proposiez lorsque vous les leur imposez.

Il y a aussi d'autres considérations concernant le temps de la paix, savoir touchant les précautions qu'on doit prendre, & les préparatifs qu'il faut faire, afin de n'être ni dépourvu, ni surpris dans un temps de guerre. Mais pour ne pas confondre ces deux temps, il me suffit de vous dire en cet endroit, que comme l'on fait la guerre pour obtenir une bonne paix, il faut aussi dans la paix travailler à tout ce qui est nécessaire pour agir pendant la guerre avec sûreté, & avec succès.

Il faut maintenant, mon très-cher Fils, que je vous entretienne de ce que vous devez faire pendant la guerre, soit afin de pourvoir à la sûreté de vos Etats, ou de les augmenter, lorsque vous en trouverez une juste occasion; car le Prince doit toujours avoir en vue ces deux fins, la conservation & l'agrandissement de ses Etats, par le moyen du Conseil, pendant la paix, & des armes pendant la guerre.

Pour parvenir à ces deux fins, il faut qu'il s'expose à toutes sortes de travaux, de fatigues, & de périls; & il doit penser avec d'autant plus d'application aux affaires de la guerre, qu'à celles de la paix, que la guerre entraîne avec soi plusieurs accidens fâcheux, & des désordres imprévus, auxquels il est souvent impossible de remédier.

Outre que dans un temps de guerre on ne peut pas si bien faire valoir la Justice, & les Loix, que dans un temps de paix; parce que la guerre dépend entiérement de la volonté du plus fort, & est d'ordinaire un effet du desir insatiable de s'agrandir de la part de l'agresseur, & de la crainte d'une puissance formidable, de la part de celui qui est attaqué, qui sont deux passions qui ont tant de pouvoir sur nous que ceux qui en sont possédés, pensent plus à obtenir la fin qu'ils se proposent, qu'aux moyens d'y parvenir.

Or les soins de la guerre regardent principalement les Princes, dont les Etats sont environnés d'ennemis puissans, qui ont dessein de l'offenser, ou qui lui donnent de justes sujets de les attaquer. Ces deux raisons me font croire que vous ne pourrez guere demeurer en repos, quand vous le voudriez: car vous avez le Turc pour voisin, & vous êtes exposé à la jalousie des Princes Chrétiens.

Mais vous ne devez pas être fâché d'être réduit à la nécessité de prendre les armes; car un trop long repos vous causeroit plus de dommage, & vous seroit plus désavantageux, qu'une longue guerre, étant certain que les principautés se ruinent par l'oisiveté, comme les hommes s'usent par la vieillesse, & comme le fer se consume par la rouille.

Au contraire la guerre, (sur-tout lorsqu'on a affaire à un ennemi belliqueux) conserve les Etats, comme l'exercice contribue à la santé du corps; & lorsqu'on met bas les armes & qu'on casse les troupes, les peuples deviennent lâches & paresseux.

D'ailleurs, la cause des Tributs ne subsistant pas, il faut soulager les peuples d'une partie de ce fardeau, qu'il eſt difficile de leur impoſer de nouveau, après qu'ils ſe ſont deſaccoutumés de le porter.

Outre que les Soldats qui ont vécu dans la licence, & le libertinage de la guerre ne peuvent qu'avec une peine extrême ſe réduire à une vie réglée; & cela cauſe ſouvent des tumultes & des ſéditions dans les Royaumes.

Enfin le Prince ne peut pas compter ſur la paix, ayant juſte ſujet d'appréhender qu'elle ne ſoit troublée par l'avidité & l'ambition de ceux qui le ſurpaſſent en puiſſance, ou par l'émulation & la jalouſie de ſes égaux, ou par la crainte & les ombrages de ſes inférieurs. Les premiers prennent les armes pour faire des conquêtes, les ſeconds pour mettre leurs Etats en ſûreté, & les troiſiemes, pour n'être pas opprimés par les plus puiſſans.

Il eſt donc néceſſaire que les Princes, ſurtout ceux qui comme vous poſſedent de grands Etats, tournent leurs penſées & leur application du côté des affaires de la guerre, de laquelle ayant à raiſonner avec vous, je dois vous dire que les ſoins qu'elle donne regardent principalement les armées, les forteresses, & leurs proviſions, les Etats & leurs habitans.

Le ſoin d'une armée conſiſte à la former d'un certain nombre de troupes, à la régler par une bonne diſcipline, & à y établir un bon ordre pour le combat.

Le nombre des troupes doit être aſſez grand

pour pouvoir réussir dans toutes les entreprises où elle sera employée ; & pour cet effet, il faut qu'il n'y ait pas trop de monde, ni trop peu ; car quand on n'a pas assez d'hommes, on ne peut pas tenir tête à l'ennemi, & lorsque le nombre en est trop grand, il cause du désordre.

Sur quoi les opinions ont été partagées ; mais la plupart conviennent qu'une armée d'environ trente mille hommes de pied & de quarante mille chevaux, est suffisante pour toutes sortes d'expéditions ; & l'on prouve ce sentiment par plusieurs raisons convaincantes, & sur-tout par celle-ci, que c'est un nombre médiocre, qui n'a rien de superflu, ni de défectueux, qu'on contient plus facilement sous une exacte discipline une semblable armée, qu'une plus grande ; qu'on la paye mieux ; qu'on a moins de peine à la pourvoir de vivres, de provisions & de tout ce qui lui est nécessaire ; qu'elle foule moins le peuple ; qu'il est plus aisé d'en faire les recrues, & de la rétablir en bon état ; qu'on l'entretient plus commodément dans toutes sortes de Pays, & que par conséquent on peut toujours être sous les armes, & l'on est en état de tenter en tout temps toutes sortes d'entreprises. D'ailleurs, on acquiert plus de réputation, lorsqu'on remporte la victoire avec une armée médiocre, qu'avec une nombreuse.

En effet, a-t-on aujourd'hui besoin d'une grande multitude de troupes, puisque si peu de Soldats combattent ſuivant la nouvelle maniere de faire la guerre ? Et que même les anciens ne laiſſoient pas de faire de grandes Conquêtes, quoique leurs armées fuſſent inférieures en nombre à celles de leurs ennemis ? Alexandre-le-Grand avec une armée médiocre, attaqua & ſubjugua toute l'Aſie ; & Annibal avec peu de troupes eût apparemment ſoumis les Romains à la domination de Cartage, s'il eût eu la commodité de faire des recrues, lorſqu'il en avoit beſoin, ou s'il eût ſu ſe prévaloir des forces des Pays qu'il fut dans la néceſſité de piller.

Il eſt vrai que les Romains & leurs Empereurs mettoient en campagne un nombre prodigieux d'hommes, & que les Turcs font aujourd'hui la même choſe ; mais c'eſt plutôt par oſtentation que par beſoin, voulant par là montrer la grandeur de leurs forces, & de leur puiſſance.

Qu'une armée médiocre ſoit ſuffiſante pour toutes ſortes d'entrepriſes militaires, on le prouve encore par deux très-fortes raiſons ; l'une, qu'il n'y a point de campagne qui puiſſe recevoir un corps de troupes plus nombreuſes, à cauſe qu'elle ſont coupées ou par des foſſés, ou par des rivieres, ou par des lacs, ou par des forêts, ou par des montagnes, ou par d'autres choſes ſemblables ; & d'ailleurs, quand il ſe trouveroit des campagnes capables de contenir de plus grandes armées, un Général pourroit les éviter ſans peine.

L'autre raiſon eſt, qu'il eſt néceſſaire qu'un

Prince qui a dessein, ou qui est obligé d'être toujours sous les armes, se réduise à un pareil nombre de troupes, afin de pouvoir les faire subsister, & les tenir en bon état; & à cet égard on doit imiter la conduite du Turc, lequel bien qu'il puisse lever un nombre si considérable de gens, fait néanmoins consister toute la réputation de ses forces dans le corps de ses Janissaires, qu'il peut entretenir commodément. En contenant ces seules troupes, il retient toutes les autres dans le devoir, au lieu qu'il lui seroit impossible de satisfaire toute sa milice.

Par la même raison, César attribuoit la gloire de ses Conquêtes & son crédit à la dixieme Légion, ayant néanmoins plus d'égard pour les autres que n'en a le Turc.

Il semblera sans doute à quelques-uns, que pour les garnisons, & autres semblables détachemens, il faut que l'armée soit composée d'un plus grand nombre de troupes. Mais celui qui sera habile dans l'art de la guerre, pourra se contenter d'une semblable armée, pourvu que lorsqu'il sera obligé de la démembrer, il l'augmente, & la maintienne dans le même nombre. Ainsi ce sera toujours la même armée, comme la dixieme Légion de César étoit toujours la même.

Il ne faut pas croire non plus que l'armée s'affoiblisse par les fréquens combats, puisqu'au contraire elle se rend meilleure & plus forte, les pertes en étant bientôt réparées; car par ce moyen on se prévaut du courage des nou-

nouveaux Soldats, lesquels ne connoissent pas le danger, parce qu'ils n'y ont jamais été exposés, & l'on met de justes bornes à la valeur des Vétérans, par les fréquentes occasions où ils risquent leur vie.

D'ailleurs, en remplissant les places de ceux qui ont été tués dans ces actions, on récompense le mérite de ceux qui se sont signalés, & on les éleve à de plus grandes charges, comme l'on châtie, & l'on couvre d'infâmie ceux qui n'ont pas fait leur devoir. Enfin pour un brave qui mourra dans une bataille, deux de ceux qui sont sans expérience deviendront courageux.

Après avoir ainsi réglé le nombre de l'armée, on doit lui faire observer une bonne discipline. Pour cet effet, il faut premiérement, qu'on prenne soin d'inspirer la piété aux Soldats, qu'ils assistent aux exercices publics de la Religion, & qu'ils menent une vie digne de Soldats Chrétiens.

Secondement, on doit leur apprendre à obéir & à avoir du respect pour leurs Généraux, & pour leurs autres Commandans, & tâcher de les former à la vertu, & à la valeur. On dispose les Soldats à l'obéissance, en la récompensant, en la louant, en l'entretenant par l'éspérance, de même qu'en menaçant, en blâmant, en punissant & en flétrissant la désobéissance. Par ce moyen, non-seulement on les rend obéissans, mais aussi vaillans & vertueux.

Il faut de plus, que les troupes soient dans

un continuel exercice, pendant qu'elles sont en repos, & les occuper en des factions militaires, par des combats feints, afin de prévenir les maux qui procedent d'ordinaire de l'oisiveté.

Il faut aussi que les Généraux & les Commandans apprennent l'art de commander, & de se faire obéir, avec diligence & avec exactitude; ce qui ne leur sera pas mal-aisé, pourvu que d'un côté les Chefs traitent les Soldats comme leurs Compagnons, à l'exemple de César, & qu'ils ayent tout l'égard qu'ils doivent pour leur sang, pour leur honneur, & pour leurs intérêts; & que de l'autre, les Soldats reconnoissent leurs Chefs pour leurs supérieurs.

Après qu'on a mis dans cette disposition une armée qui est composée d'un nombre suffisant de troupes, il faut lui donner de bons ordres pour le combat, puisque sans cela on ne peut jamais réussir dans aucune entreprise militaire. Certainement vous ferez une chose digne d'un aussi grand Prince que vous le serez, si vous employez tous vos soins pour trouver un meilleur ordre de bataille, que celui qui est présentement en usage parmi les Chrétiens, afin qu'une armée puisse se rétablir, lorsque la fortune lui est contraire.

Pour cet effet, il faut que la premiere ligne venant à plier, puisse se retirer sans renverser la seconde, & celle-ci, sans choquer la troisieme, que ceux de derriere, en s'avançant pour prendre la place des premiers qui sont fatigués, puissent le faire sans désordre, & sans que ceux-ci les en empêchent; & ainsi en formant un corps de ceux qui ont plié, on pourra aller de nouveau à la charge contre l'ennemi.

Cet excellent ordre étoit une des plus grandes perfections de la milice Romaine; & vous trouverez parmi mes papiers des mémoires sur ce sujet: car j'avois fortement résolu d'introduire cette maniere de combattre, sur-tout dans la guerre des Turcs; mais mes autres occupations ne m'ont pas permis d'exécuter ce projet.

Certainement c'est un désordre extrême, & une grande honte pour les gens de guerre de ce temps, que dans les armées il n'y ait que les trois ou quatre premieres files qui combattent; & cela vient de ce que l'on ne garde pas un bon ordre, lorsqu'on range les troupes en bataille; & sur-tout vous manquez en ce que l'on place les Bataillons, & les Escadrons en droite ligne, chacun à part, l'un après l'autre; & qu'ainsi il n'est pas possible que dans cette ligne les premiers se retirent sans causer du désordre parmi les autres qui les suivent.

Pour moi, je crois qu'il vaudroit mieux que les trois corps de l'armée, savoir l'avant-garde, la bataille, & l'arriere-garde fussent disposés, en sorte que leurs flancs fussent à côté les uns des autres, & qu'ils fissent comme un triangle; que le premier corps repréſentât la pointe, & les deux autres les côtés; & qu'ils fuſſent tellement ſéparés & éloignés les uns des autres, que le ſecond pût s'aller poſter devant le premier ſans empêchement, & ſans y cauſer du trouble, & que le troiſieme pût faire la même choſe, ſans mettre le déſordre parmi les autres. Ainſi ils ſe poſteroient contre les ennemis par flanc : ce qui ſeroit un grand avantage, par le moyen duquel on pourroit apprendre peu à peu, ſans ſe tromper, comment ces corps peuvent s'avancer chacun à petites troupes, pour charger l'ennemi dans le même ordre, n'étant pas poſſible de mettre d'abord dans un état parfait, une choſe où l'on fait tant de manquemens, de même que quand on invente un art, ou une diſcipline, on ne peut pas tout d'un coup lui donner toute la perfection dont elle eſt capable.

On fait encore une autre faute, lorſqu'on range une armée en bataille; c'eſt que l'on met dans les premieres files, les meilleurs & les plus braves Soldats de l'armée, leſquels venant à lâcher le pied, entraînent avec eux les autres par leur exemple, comme s'il leur étoit permis, ou qu'ils fuſſent dignes d'excuſe, de ne témoigner pas plus de courage, que ceux qui ſont les plus eſtimés par les Généraux; & ainſi, la défaite de quelques-uns cauſe la déroute de toute l'armée.

Les anciens Romains avoient, à cet égard, une meilleure conduite que nous; car ils compoſoient le premier front de jeunes gens très-robuſtes, en y mêlant la troiſieme partie de Vétérans; & ils appelloient cette premiere troupe les (1) *Haſtats.*

Dans la ſeconde, qui étoit compoſée de ceux qu'ils nommoient les (2) *Princes*, ils mettoient deux parties de Vétérans, & une autre de jeunes gens; & dans la troiſieme, il n'y avoit que des Vétérans, appellés (3) *Triarii*; ainſi la fermeté des ſeconds ne dépendoit pas de celle des premiers, dont la plupart étoient de jeunes gens, ni celle des troiſiemes de la bravoure des ſeconds, qui avoient auſſi parmi eux de nouveaux Soldats.

D'ailleurs, le premier choc étoit vigoureux, à cauſe de la force de ceux de la premiere ligne; qui eſt tout ce que l'on peut attendre de la premiere furie des combattans, dans un jour de bataille; & cependant cette furie étoit ſuffiſamment modérée par le mêlange de la troiſieme partie des Vétérans. Le ſecond choc étoit encore plus réglé; & le troiſieme faiſoit paroître une valeur judicieuſe, & donnoit le dernier branle à la victoire.

L'on ne doit donc pas préférer la Phalange des Grecs, aux troupes des Romains; car comme ceux-ci pendant pluſieurs ſiecles exercerent la profeſſion des armes avec beaucoup de prudence & de ſuccès, & qu'au com-

(1) *Haſtati.*
(2) *Principes.*
(3) *Triarii.*

mencement ils diſpoſoient leurs armées de la même maniere que ceux-là rangeoient leur Phalange, ils euſſent ſans doute toujours fait la même choſe, s'ils n'euſſent trouvé des défauts dans cet ordre de bataille.

Ainſi s'en étant éloignés, il eſt viſible qu'ils le firent avec beaucoup de raiſon, comme cela parut par les effets : car lorſqu'ils eurent affaire avec les Grecs, leur Phalange ne put jamais réſiſter aux troupes Romaines.

En effet, l'ordre que les Grecs obſervoient ne tendoit qu'à inſpirer aux Soldats la valeur & l'opiniâtreté dans les combats, ce qu'ils ne pouvoient faire dans l'eſprit de toute une armée, la plupart de ceux qui la compoſoient étant des idiots, & des gens qui avoient des inclinations baſſes. Au lieu que les Romains viſoient à mettre de bonnes diſpoſitions dans les eſprits, & à rendre en même temps la bravoure néceſſaire aux Soldats, & ainſi ceux qui avoient le cœur bas agiſſoient auſſi bien que ceux qui combattoient par un principe d'honneur.

C'eſt pourquoi, le Caporal de Scipion qui avoit été chargé de diſcipliner des Soldats qui étoient deſtinés à combattre l'Infanterie Cartaginoiſe, bien que ce ne fuſſent que des buſtes d'hommes, néanmoins en leur faiſant obſerver l'ordre des troupes Romaines, dans peu de temps, il les rendit capables de tenir tête aux Cartaginois, & même de les vaincre.

On pourra m'oppoſer qu'en ce temps là

il n'y avoit point d'Artillerie, comme il y en a présentement, & qu'ainsi il n'est pas possible d'introduire un ordre semblable avec espérance d'un bon succès; mais comme de part & d'autre on a de l'Artillerie; cet ordre est aussi avantageux aujourd'hui qu'il l'étoit avant qu'elle eût été inventée.

Outre qu'il est visible que l'Artillerie endommageroit bien moins les troupes postées sur des lignes obliques, & entre lesquelles il y a un grand vuide, que celles que l'on place, suivant l'usage moderne, en droite ligne, & qui sont plus épaisses. Joint qu'un boulet de Canon, les troupes étant ainsi rangées, peut sauter d'une ligne à l'autre.

Ajoutez à cela, que l'Artillerie manque souvent son coup, & principalement lorsqu'elle tire sur les hommes en campagne. Mais parce que j'ai fait sur ce sujet de longs mémoires, que vous trouverez parmi mes papiers, je passerai à d'autres choses, après vous avoir dit une seconde fois qu'un de vos plus grands soins doit être de trouver un bon ordre de bataille, si vous voulez rendre votre Nom immortel.

Ordonnez qu'on dresse vos Soldats à manier les armes, & qu'on leur fasse faire l'exercice; & sur-tout, faites que les Galeres & les autres bâtimens de vos armées navales soient construits aux dépens de vos Etats, non pas par vos Amiraux & vos Capitaines, parce que lorsque les Vaisseaux leur appartiennent, ils ne les risquent pas volontiers pour le ſervice de leur Prince, à cauſe qu'ils fondent là-deſſus toutes leurs eſpérances, tous leurs deſſeins ; tout leur établiſſement & toute leur réputation, & que d'ailleurs, lorſque ces bâtimens ſont perdus, il eſt mal-aiſé qu'ils puiſſent en avoir d'autres, & réparer ces ſortes de pertes. Outre que de cette façon, ils dépendront entiérement de vous, & vous ne dépendrez en aucune maniere d'eux.

Faites ſouvent viſiter vos fortereſſes, & renouveller leurs munitions, & leurs proviſions. S'il y en a de ſuperflues, commandez qu'on les ôte, & qu'on y en tranſporte de nouvelles, en cas qu'il en manque ; prenant garde de ne pas donner dans les extrêmités du trop, ou du trop peu.

Il faut auſſi que les places fortes ſoient pourvues de bons Chefs ; & de Soldats fideles, qu'il y en ait plutôt un plus grand nombre qu'il n'eſt néceſſaire que moins, parce que la ſeule vaillance d'une bonne garniſon peut ſuppléer au défaut des fortifications. Et c'eſt pour cette raiſon, que les Romains prenoient plus de ſoin de mettre de braves gens dans leurs places, que de les fortifier. Outre qu'il y doit avoir aſſez de Soldats ; pour réparer la perte de ceux qui meurent, ou qui déſertent, pour faire les fonctions des malades, & que d'ailleurs dans l'occaſion ils ne combattent pas tous.

Il faut que vous tâchiez de mettre vos frontieres en ſûteté, par le plus petit nombre de forteresses que vous pourrez, pourvu qu'elles soient bien fortifiées; & moyennant cette précaution, il ne sera pas nécessaire que vous teniez un grand nombre de troupes dans les places du dedans de vos Etats.

Lorsque vous serez attaqué, il vaut mieux marcher à l'ennemi, & construire des forts en campagne pour lui résister, que de l'attendre dans vos places fortes. De même, lorsque vous l'attaquerez, il faut que vous entriez plutôt dans ses terres, & que vous vous y retranchiez, que de vous exposer à la fatigue & à la dépense d'assiéger ses forteresses.

Quand il s'agit de fortifier un Etat, il faut bien considérer son entiere situation, pour savoir de quelle maniere on s'y doit prendre, & ajuster si bien ses travanx, que le tout réponde à la partie, & la partie au tout. Cependant, quelque soin que vous preniez pour fortifier vos places, ne croyez pas que vous puissiez les rendre imprenables. Ainsi il vous doit suffire de les mettre en tel état que l'ennemi ne puisse pas espérer de les pouvoir prendre par force, soit à cause du temps & de la dépense qu'il faudroit employer pour s'en rendre maître, ou parce que les pertes qu'il pourroit faire en les assiégeant, n'égaleroient pas le profit qu'il retireroit d'une semblable Conquête.

Un Prince qui est obligé d'être toujours sous les armes, doit sur-tout penser par quelle voye il pourra fournir aux dépenses de la guerre, & en supporter le fardeau. Je croyois en avoir trouvé le moyen en faifant plufieurs réglemens nouveaux, mais je n'ai pas pu exécuter ce Projet.

Voici ce que j'avois réfolu; je voulois qu'on obfervât un meilleur ordre de bataille, de la maniere que je vous l'ai dit ci-deffus. J'avois auffi fait deffein de lever une belle & vaillante armée, compofée en partie de Soldats Allemands, & en partie d'Efpagnols & d'Italiens, & en cas que j'euffe été dans la néceffité de faire la guerre aux Turcs, ou aux Chrétiens, je voulois convenir avec mes troupes que toute la proye des chofes publiques, qu'elles remporteroient, ou dans le fac des Villes, ou en pillant les Pays, comme l'Artillerie, les munitions, & autres chofes femblables, appartiendroit à la Chambre du Prince, & le refte aux Soldats: mais que tous les vivres, toutes les provifions, tous les habits, & les autres chofes qui peuvent fervir à l'entretenement & à la commodité de l'armée, feroient vendues par les Soldats, & qu'ils les configneroient à certains Officiers, qui leur en donneroient un prix honnête, fuivant le réglement qu'on feroit là-deffus, & qu'on réferveroit ces chofes pour l'ufage des mêmes troupes, en y faifant néanmoins quelque profit honnête, qui tourneroit à l'avantage du Prince.

Ainfi les Soldats trouveroient toujours de l'argent de leur butin, & en même temps la Chambre du Prince y gagneroit. D'ailleurs, lorfqu'ils auroient befoin de ce qu'ils auroient vendu, ils pourroient l'acheter à bon marché des Marchands, qui suivent le Camp, & ils seroient assurés de ne manquer jamais des choses qui leur seroient nécessaires.

Je voulois aussi créer dans le Camp des Officiers & des Magistrats, qui fussent chargés de recevoir en dépôt l'argent, & les effets de prix que les Soldats leur consigneroient, pour les rendre en cas de mort à leurs héritiers, ou à d'autres suivant leur volonté; & cela à l'imitation de ces Généraux, qui pour s'assurer de leurs troupes empruntent des Officiers de l'argent qui sert au payement de leur armée, comme le faisoit César, lequel par ce lien attachoit les Capitaines & les Soldats à son service; ceux-là en se rendant leur débiteur, & ceux-ci, en payant exactement leur solde.

Il faudroit de plus, que cet argent déposé portât un certain intérêt, à tant pour cent, ce qui seroit avantageux aux Soldats, puisqu'ils auroient un lieu assuré, où ils pourroient laisser avec profit leurs effets, lorsqu'ils iroient en faction, pour être distribués suivant leur desir à qui ils l'ordonneroient. Que s'ils n'avoient point de parens, ou qu'ils ne disposassent pas de leur bien, leurs effets appartiendroient à la Chambre du Prince, comme il s'observe, suivant le Droit Civil, à l'égard de ceux qui meurent sans héritiers.

Afin de faciliter cet expédient, il faudroit que l'on fît rompre la glace à un certain nombre d'amis, & de personnes confidentes;

après quoi, il n'y auroit point de Soldat, de Capitaine, ni de Colonel assez soupçonneux, & assez imprudent, pour aimer mieux porter avec soi tout son bien à ses risques, & s'exposer au danger d'être pris par les ennemis, ou par les Paysans, en cas de déroute de l'armée, que de le déposer avec profit entre des mains assurées.

Au reste, de ce profit on pourroit payer à prorata les chariots qui porteroient les hardes & l'équigage de tous les particuliers; & l'on pourroit faire ces chariots en guise de Gabions portatifs, afin qu'ils pussent servir dans un campement subit, suivant le modele que vous trouverez dans mes Mémoires, où il y a aussi des instructions sur ce sujet. Par là, on déchargeroit d'un grand soin les Soldats, qui n'auroient qu'à penser à eux, & à leurs armes; & l'armée pourroit faire ses mouvemens, avec plus de promptitude & de diligence.

D'ailleurs, le Prince auroit toujours en son pouvoir les effets de prix, & tout l'argent de l'armée, ou la plus grande partie, avec lequel il pourroit pousser, & continuer la guerre aussi long-temps qu'il voudroit, & de cet argent il en resteroit entre ses mains des sommes considérables, par la mort de ceux qui ne laisseroient point d'héritiers, ou qui ne feroient point de derniere disposition.

Mais la principale provision de la guerre est celle des bons Soldats, des bons Chefs, & des bons réglemens, quoique le monde donne le premier lieu à l'argent; car lorſque les forces d'un Prince ſont dans cette perfection, la guerre ſe nourrit elle-même, ne s'étant jamais vu qu'un excellent Capitaine, qui commande une armée compoſée de bonnes troupes, ait manqué de moyens pour ſoutenir la guerre, & pour entretenir ſes Soldats.

En effet, leur butin & leur pillage leur tient lieu de ſolde, le Pays ennemi leur fournit de vivres, l'eſpérance de s'avancer les anime, & les récompenſes les ſatisfont, de ſorte qu'un vaillant & ſage Général, maintient toujours ſon armée en bon état. Les Soldats étant ainſi diſpoſés, il ſe fie plus à eux, à l'exemple des Romains, qu'à de gros baſtions, & à de forts retranchemens.

L'uſage de ces réglemens eſt ſur-tout néceſſaire à un Prince qui eſt dans le deſſein, ou dans la néceſſité d'être toujours ſous les armes, parce qu'il ne pourroit pas fournir long-temps aux fraix de la guerre, s'il étoit obligé de payer ſes troupes de ſon argent, & s'il ne trouvoit des reſſources pour faire ſubſiſter ſon armée. Car on voit par expérience, que les guerres offenſives détruiſent le Pays, appauvriſſent les habitans, & épuiſent le Souverain, & que les offenſives, quelques Conquêtes que l'on puiſſe faire, engagent à plus de dépenſes, qu'elles n'apportent de profit.

Il ſemble qu'il eſt aiſé de remédier à cet inconvénient, pourvu qu'on n'entreprenne d'attaquer que les places dont l'acquiſition eſt capable de dédommager de toutes les pertes qu'on peut faire pendant la guerre, soit parce que plusieurs autres lieux considérables dépendent de ces places ou qu'elles donnent entrée dans le Pays de l'ennemi ; mais on n'est pas toujours sûr de pouvoir réussir dans ces sortes d'entreprises. D'ailleurs, il arrive tant d'accidens fâcheux, & imprévus dans la guerre, qu'il est impossible d'en soutenir la dépense, si l'on ne se sert des expédiens que j'ai proposés ci-dessus.

Et parce que les recrues sont nécessaires pour maintenir l'armée en son entier, il faut que dans vos Etats on ait soin de faire un dénombrement de tous les jeunes gens, & qu'on leur fasse faire les exercices militaires comme à des Soldats, afin de pouvoir s'en servir dans le besoin pour augmenter vos troupes. Parmi cette jeunesse, il faut choisir ceux qui ont le plus d'inclination pour la guerre, & qu'on juge les plus propres à réussir dans le métier des armes, & qui d'ailleurs sont d'une famille honnête, parce que l'on peut en attendre plus de service que des autres.

Outre qu'ils ont plus d'honneur, qu'ils craignent plus les peines, & qu'ils sont moins sujets à déserter, ayant laissé dans leur maison des gages de leur fidélité.

Cependant, il ne faut pas prendre des Soldats dans les familles, où il n'y a qu'un enfant, ou que deux, pour ne pas incommoder leurs pere & mere ; mais dans celles où l'on peut en fournir quelques uns sans en recevoir du préjudice, & faire en sorte, que leur engagement dans la milice leur apporte de l'honneur & de l'utilité; car ils se résoudront avec beaucoup de répugnance à prendre ce parti, s'ils n'en esperent aucun avantage.

Par la grace de Dieu vous êtes maître de plusieurs beaux & grands Etats, dans lesquels vous pouvez lever des troupes capables non-seulement de vous défendre, mais aussi d'attaquer les autres. Et ainsi dans toutes sortes d'entreprises, quelque grandes & difficiles qu'elles soient, vous pouvez vous confier en vos propres forces, sur-tout si vous vivez dans une parfaite concorde avec les Princes de la Maison d'Autriche; car étant étroitement uni avec eux, vous établirez votre puissance, & vous serez la terreur de vos ennemis, & l'appui de vos amis, puisqu'il n'y a que votre désunion qui soit capable d'encourager vos ennemis à vous offenser, & de leur donner moyen de vous nuire, & de remporter quelque avantage sur vous.

D'ailleurs, si vous êtes uni avec ces Princes, vous aurez la commodité de vous servir des Allemands, qui sont *les peuples les plus belliqueux & les plus braves du monde.* Il est vrai que le mêlange de diverses Nations dans une armée peut quelquefois causer du désordre; mais aussi souvent il produit de très-bons effets, pourvu qu'on sache s'en prévaloir, & faire un bon usage de l'émulation qu'il y a entre les Soldats de divers Pays. Outre qu'ils ont peine à convenir ensemble, pour faire quelque tumulte, & pour se révolter contre leur Souverain.

Il faut sur-tout, comme je vous l'ai dit souvent, que vous ayez beaucoup d'égard pour votre Cousin le Roi de Bohême, qui est un Prince d'un grand courage, & d'une valeur extraordinaire, & dont l'amitié vous sera extrêmement utile dans toutes les occasions.

Vous devez tenir pour une chose constante, que vous recevrez plus de secours de vos parens, quoiqu'ils croyent avoir sujet de se plaindre de vous, que des autres, quelque amitié qu'ils vous témoignent; & parce qu'il n'y a point d'animosité si forte & si violente que celle qui s'allume parmi les proches, il faut que vous fuyiez avec tout le soin possible tout ce qui pourroit causer une rupture entre vous & ces Princes, étant persuadé que vous mériterez plus de louange de leur céder en quelque chose, pour maintenir la concorde avec eux, que de soutenir avec rigueur les justes prétentions que vous pourriez avoir contr'eux.

Le Prince doit s'appliquer à la considération de ses Etats, & de ses Pays, de leur situation, de leurs qualités, de l'abondance, ou de la rareté des vivres, de l'eau, & du bois. Il doit aussi connoître la nature & les inclinations des habitans, & toutes les commodités des lieux, pourvoir à tout ce qui y manque, se prévaloir de tous leurs avantages, y établir des Gouverneurs, & des Officiers capables de les bien conduire, & sur la fidé-

lité

lité & capacité desquels il puisse compter, enfin envoyer de fortes garnisons dans les places fortes.

Il faut de plus, que vous vous informiez des forces de chacune de vos Provinces, comme aussi de leur foiblesse, pour pouvoir y remédier, & qu'avec les mêmes yeux vous regardiez les Etats des Princes que vous jugerez pouvoir devenir vos ennemis, afin que vous preniez de justes mesures, sur la comparaison des lieux, des Peuples, des Coutumes, des Loix, des Ministres, des Officiers, des Alliés, des voisins, des attachemens, & des inclinations des uns & des autres, & que là-dessus vous régliez vos projets, & vos entreprises. Car on se conduit d'une façon si les Pays de l'ennemi sont bien peuplés, & d'une autre, s'il sont vuides. On n'agit pas de la même maniere lorsque l'on attaque des Nations braves & belliqueuses, que lorsqu'on a affaire avec des lâches, lorsque l'on veut conquérir un Etat dont le Prince fait les délices de ses peuples, que lorsqu'on a dessein d'assujettir à son Empire un Souverain qui est haï de ses sujets.

On doit aussi considérer la situation du Pays ennemi, s'il y a des plaines, des vallées, des colines, des montagnes, s'il est abondant ou fertile, s'il est riche ou pauvre, s'il y a abondance ou disette d'eau & de bois, s'il y a plusieurs places fortes, s'il y a de bonnes garnisons, & de quelle nature en sont les fortifications, si elles sont naturelles ou faites par les hommes, ſi les armées ſont conſidérables par leur nombre ou par leur valeur.

D'un autre côté, le Prince doit pourvoir à ce qui manque à ſon Pays, & envoyer hors de ſes Etats les denrées dont ils abondent, examiner les accidens heureux & malheureux qui peuvent arriver à ſon armée, & à celle de ſon ennemi, afin de ſe gouverner dans ces événemens contraires, ainſi qu'il ſera à propos.

Ayant pris ces précautions, vous pourrez ſoutenir avec vigueur, & avec ſuccès toutes les guerres, où vous ſerez engagé, ſur-tout ſi vous joignez à la hardieſſe, & à la bravoure de vos troupes les ſtratagêmes, dont l'art n'eſt pas moins néceſſaire à un Général d'armée, que toutes les autres connoiſſances qui regardent la profeſſion des armes.

C'eſt pourquoi, vous devez vous appliquer avec beaucoup de ſoin à apprendre cet Art; mais il faut ſur-tout ſavoir ſe ſervir des ruſes de guerre avec effet, & ne pas commettre à cet égard les fautes où l'on tombe ordinairement aujoud'hui, étant certain que les ſtratagêmes font beaucoup d'honneur au Prince, & au Général de ſes troupes.

Quant à ceux qui regardent l'expédition particuliere de quelque parti, ou de quelque détâchement, il en faut laiſſer le ſoin aux Chefs auxquels on la commet; mais ceux qui concernent toute l'armée, & qui contribuent au ſuccès de la guerre, & qui même peuvent la terminer, ils doivent partir du cerveau du Prince, & ne peuvent que lui acquérir beaucoup de gloire.

Vous ne devez jamais prendre les armes que pour un juste sujet, & que pour parvenir à une bonne & ferme paix, & même que lorsque vous ne pourrez l'obtenir que par ce moyen.

Vous devez aussi considérer que dans la guerre celui qui dépense le plus dépense le moins, parce que, comme je vous l'ai dit, la guerre se nourrit elle-même, pourvu qu'au commencement on s'y prenne d'une bonne maniere, & que dans la premiere guerre que l'on entreprend, on donne une si bonne opinion de sa conduite & de ses forces, qu'il soit aisé de juger par celle-là de celles où l'on peut être engagé à l'avenir.

Pour cet effet, dès qu'on a pris les armes, il faut agir avec une prudence exquise, & avec une extrême diligence. Il faut aussi continuer la guerre avec vigilance, & avec valeur, & la finir avec une magnanime obstination.

On doit attaquer, plutôt que d'attendre d'être attaqué; & lorsque l'on est prévenu, faire une diversion, parce qu'il y a grand avantage de porter la guerre dans le Pays ennemi.

Il faut se prévaloir avec tant d'adresse de la victoire qu'on a remportée, qu'on ne soit pas obligé de tenter de nouveau le hazard d'une bataille; & lorsqu'on a été battu, on doit empêcher autant qu'on le peut les progrès de l'ennemi, & chercher quelque occasion favorable pour avoir sa revanche.

Après vous avoir entretenu de la guerre en général, il faut vous dire quelque chose en particulier de celle que vous pourrez avoir à soutenir par rapport à la situation de vos Etats, & à vos voisins, & sur-tout de celle des Turcs; qui doit être le principal objet de vos soins, soit à cause de l'intérêt de la Religion que vous devez avoir plus à cœur que toutes les choses du monde, ou parce que cette guerre semble être la plus inévitable, & que les Infideles sont les plus dangereux ennemis que vous puissiez avoir.

Il y a apparence que le Grand Seigneur rompra plutôt avec vous qu'avec la République de Venise, parce qu'il est persuadé que s'il lui déclaroit la guerre vous prendriez d'abord le parti des Vénitiens. Au lieu qu'en vous attaquant le premier, il pourroit espérer que pour le moins ils demeureroient neutres; car il est vraisemblable qu'ils ne voudroient pas se priver des douceurs de la paix, dont ils jouissent depuis plusieurs années, sur-tout parce que les Républiques ne se résolvent à prendre les armes, que dans la derniere extrêmité, & que leur Ville & leur Pays ayant grand besoin du trafic, ils ne voudroient pas le troubler en se déclarant contre les Turcs, qui sont devenus si puissans & si formidables, qu'il semble que sans un miracle, aucun Prince ne peut renverser leur Empire.

C'est pourquoi, plusieurs croyent que les Princes Chrétiens ne peuvent leur résister qu'en s'alliant ensemble; mais ayant considéré le peu d'effet que produisent de semblables confédérations, je vous conseille de ne vous appuyer que sur vos propres forces; & je suis persuadé que vous seul ferez la guerre aux Infideles avec plus de gloire & de succès, que si vous vous joigniez à d'autres, pourvu que vous demeuriez uni avec les Princes de la Maison d'Autriche.

Sur quoi la premiere chose qu'il faut résoudre, c'est quelle sorte de guerre vous devez avoir avec les Turcs.

On prend les armes ou pour se défendre, ou pour attaquer, ou pour prévenir son ennemi, ou pour faire diversion. Il me semble que vous ne devez pas vous tenir seulement sur la défensive; car ce ne seroit que vous exposer à des dépenses & à des pertes considérables, sans espérance d'aucun avantage, s'il en faut croire les gens habiles dans la profession des armes, qui soutiennent que la guerre défensive est la plus dangereuse & la plus inutile, si elle n'est nécessaire.

Vous ne réussirez pas non plus dans une guerre offensive; car comme vous ne pouvez attaquer les Infideles que dans la Grece, & qu'ils ont de plus grandes forces que vous sur mer, il est visible qu'ils remporteroient de grands avantages sur vous, outre qu'ils pourroient facilement faire diversion, & que pendant que vous feriez vos préparatifs, il leur seroit aisé de vous prévenir, bien loin que vous pussiez espérer de les attaquer le premier.

Vous ne devez non plus penser à faire une diversion, en portant la guerre dans leurs Etats, parce qu'une pareille entreprise suppose une guerre défensive, laquelle j'ai déjà dit ne vous convenir nullement : de sorte qu'il semble que vous devez éviter toute sorte de guerre avec les Turcs.

Cependant, parce que c'est un mal nécessaire, & inévitable, & qu'il est constant, que vous ne pourrez pas entreprendre contr'eux une guerre purement offensive, ni vous mettre en état des les prévenir, il faut que vous vous teniez sur la défensive, en sorte néanmoins qu'il faudra que vous fassiez une diversion, par le moyen de laquelle vous pourrez les prévenir, & ensuite la guerre défensive se pourra changer en offensive ; & cette guerre mêlée de diverses sortes de guerres, est celle que vous devez avoir contre le Turc.

Lorsque vous aurez affaire avec lui, vous devez plus compter sur l'art & la maniere de faire la guerre, & sur les stratagêmes que sur la grandeur de vos forces. D'où vous devez tirer cette conséquence, qu'il faut que vous soyiez aux écoutes sur les occasions favorables, afin que vous puissiez vous en prévaloir, & sur-tout que vous mettiez toute votre confiance sur l'appui du Ciel.

Mais parce que vous devez aussi agir de votre côté, & employer les moyens humains qui pourront contribuer à vous faire obtenir le but où vous viserez, tâchez d'entretenir la concorde avec les autres Princes de la Maiſon d'Autriche, ce qui ne peut que vous être très-avantageux, de même qu'il leur importe extrêmement d'être unis avec vous.

Lorſque vous jugerez qu'il ſera à propos de prévenir les Turcs, vous pourrez le faire commodément du côté de la Hongrie, en vous joignant avec votre Oncle, le Roi des Romains. Si dans ce Royaume vous portez la guerre loin des plaines, & du Danube, qui eſt néceſſaire aux Infideles pour faire tranſporter des proviſions à leur armée, & ſi vous vous poſtez dans des endroits, où ils ne puiſſent pas ranger commodément leurs nombreuſes troupes, vous pourrez eſpérer de les combattre avec un heureux ſuccès.

En l'année en laquelle le Turc fera quelque mouvement, il faudra que vous demeuriez ſur la défenſive, & que vous tâchiez de gagner du temps : & ſi dans une autre, il ne peut pas faire marcher contre vous des forces conſidérables, à cauſe qu'il n'aura pas pu faire tous ſes préparatifs, & amaſſer tous les gens qu'il veut employer contre vous, il faut que vous fortifiiez le Pays où il a deſſein de pénétrer, & que vous mettiez vos places en état de défenſe.

Lorſqu'il ſe repoſe, vous devez l'attaquer, & lorſqu'il ſe met en campagne pour porter la guerre dans vos Etats, il faut que vous vous contentiez de vous défendre. De cette maniere, vous le contraindrez ou à faire toujours de grands armemens, à quoi il ne pourra pas fournir, ou à ſe réduire à des armées moins nombreuſes, & par conſéquent à changer la maniere de faire la guerre, ce qui ſera à votre égard une eſpece de victoire. Et parce que ſi vous en remportiez une entiere contre ces fiers ennemis, leurs armes pourroient dans la ſuite aller en décadence, il faut employer tous vos ſoins, & faire tous vos efforts pour en venir à bout, ce que vous ne pourrez faire qu'en uſant de ſtratagême, & qu'en les ferrant dans les lieux étroits, comme je vous l'ai déjà dit: & c'eſt ainſi qu'on les a vaincus dans l'Albanie.

Il faut auſſi avoir de l'Infanterie, qui ſoit aſſez forte pour choquer & faire plier leur Cavallerie, laquelle étant la plupart deſarmée, peut-être facilement miſe en déroute. Il faut de plus que les Eſcadrons attaquent les Janiſſaires dès le commencement du combat, laiſſant en même temps un aſſez bon nombre de troupes pour tenir tête aux autres, parce que leur coutume étant de ſe ſervir de Janiſſaires, comme d'un corps de réſerve, ils demeureroient confus d'une ſemblable nouveauté; & l'on les mettra par ce moyen en déſordre.

Avant que de finir cette matiere, je dois encore vous dire, que vous réuſſirez mieux dans la guerre contre les Turcs, en conſtruiſant des forts à la campagne, qu'en tenant vos troupes dans des lieux habités. Car de cette maniere, vous pourrez entre-couper, & ſubjuguer plus facilement & avec moins de perte les Pays que vous attaquerez, quelque grands qu'ils soient, comme fit César dans les Gaules : & si une fois vous pouvez remporter quelque avantage sur les Infideles, il y a apparence que les peuples qui sont mal satisfaits du gouvernement du Grand Seigneur, secoueront le joug pesant sous lequel ils gémissent. Et il faut espérer que Dieu vous tendra la main, pour vous aider à rétablir la Religion Chrétienne dans les Etats d'où elle est bannie depuis si long-temps.

Vous devez aussi penser à la guerre contre le Roi de France, qui est un ennemi redoutable, à cause que ses Provinces sont contiguës les unes aux autres, & qu'il a de puissans Alliez, sur-tout en Italie, où votre grandeur a causé beaucoup de jalousie. Mais outre que les ligues produisent peu d'effet, vous devez être assuré que toutes les fois que vous l'attaquerez dans son Royaume, comme vous pouvez le faire commodément en divers endroits, vous l'empêcherez de faire aucune entreprise contre vous en Italie, ni ailleurs.

Il est vrai, qu'il fait la guerre en ce Pays-là avec grand avantage, à cause de l'inclination qu'ont pour lui les peuples, qui sont amoureux de la nouveauté, & que sans risquer beaucoup, il y peut faire des Conquêtes considérables.

Mais vous pourrez les chasser d'Italie, en vous postant dans deux ou trois forts entre Turin & les Alpes pour leur couper le passage de France, & pour les contraindre à entretenir toujours de fortes garnisons dans cette

Ville, où il ſera impoſſible qu'ils ſe maintiennent, étant privés des munitions & des vivres qu'on leur apporte de ce Royaume là.

Lorſque vous voudrez les attaquer en France, vous pourrez le faire avec ſuccès en deux manieres. L'une eſt, de prévenir les François en vous armant promptement, comme vous en avez la commodité, & de pénétrer dans les entrailles de ce Royaume, où vous pouvez vous maintenir, & vous pourvoir de vivres avec une groſſe armée; & avant qu'ils ſe mettent en campagne, il faut y faire une place d'armes, & enſuite vous élargir, entrecoupant le Pays avec de forts conſtruits à la campagne.

Etant ainſi poſté, avec le temps vous trouverez occaſion de leur donner quelque échec conſidérable, & le bonheur d'une journée, ou quelque heureux ſuccès de vos armes, vous pourra rendre maître d'une partie de la France, qui vous facilitera la Conquête du tout, n'étant pas poſſible d'envahir un ſi grand Royaume d'un ſeul coup.

C'eſt beaucoup de commencer à diminuer une puiſſance égale, ou preſque égale à la nôtre; & ſi ce que vous lui ôterez augmente votre portion, quelque peu conſidérable qu'il ſoit, il fait dans peu de temps une grande inégalité.

Si dès le commencement j'euſſe ſu ce que l'expérience m'a appris, dans les expéditions que j'ai faites contre ce Royaume, j'y aurois pu faire de grands progrès; mais peut-être la gloire vous en eſt réſervée.

Lorſque vous aurez formé le deſſein d'entrer en France, il n'y a qu'un ſeul cas qui puiſſe vous empêcher de l'exécuter, ſavoir, ſi les François remuoient les premiers en Italie, car étant une fois engagé en ce Pays, vous ne pourriez pas penſer à les inquiéter dans ce Royaume, où il faut néceſſairement une groſſe armée pour obliger le Roi d'augmenter la ſienne, & pour l'empêcher de penſer à d'autres choſes.

Mais on peut apporter deux remedes à cet inconvénient; le premier d'être bien armé en Italie, pour paſſer de là dans le Royaume de France, le ſecond, de menacer de bonne heure que l'on veut attaquer le Roi dans ſon Pays, afin qu'il ne penſe pas aux affaires d'Italie, car il a plus d'intérêt à conſerver ſon Royaume, qu'à conquérir de nouveaux Etats.

L'autre maniere d'attaquer le Roi de France, eſt de combattre ſur ſes frontieres, & de s'emparer de ſes places fortes. Mais en prenant ce parti, il faudroit employer trop de temps, & s'engager à de trop grandes dépenſes, pour faire des Conquêtes conſidérables. Il eſt vrai que l'on pourroit ſe rendre maître des lieux qui donneroient entrée dans le Pays, & qui ſerviroient à y faire des progrès : mais cependant le premier moyen eſt plus ſûr, & celui dont on ſe peut promettre le plus de ſuccès.

Il faut ſur-tout prendre garde, que quand on a pris un parti on le ſuive conſtamment, car il vaut mieux exécuter le premier projet qu'on a formé, que de changer de deſſein.

Quand j'attaquai la France du côté de Landreci, j'avois résolu d'entrer dans le cœur de ce Royaume avant que les Suisses arrivassent; mais la facilité que j'eus à m'emparer de la premiere place que j'assiégeai, me fit prendre d'autres mesures, & m'engagea à attaquer d'autres places, dans l'espérance que j'eus d'emporter toutes les Villes fortes, avant l'arrivée du Roi. Mais comme elles firent plus de résistance que je n'avois cru, il eut loisir d'augmenter ses forces, & de se mettre en état de me contraindre à m'en retourner, & à consentir à l'accord qu'on fit ensuite pour donner couleur à ma retraite.

Il faut de plus, prendre garde de n'attaquer aucun lieu, où il faille employer beaucoup de tems & de forces, hors que vous y eussiez quelque intelligence, & que vous sussiez qu'il y eut faute de vivres & de munitions de guerre, ou de Soldats & de bons Capitaines, ou que les peuples y fussent mal disposés envers le Souverain, tellement que vous puissiez être assuré de vous en rendre maître sans peine; autrement, on donne temps à l'ennemi de se renforcer; & d'ailleurs, il est mal-aisé qu'une armée nombreuse, pendant un long siege, puisse avoir les vivres dont elle a besoin, sans avoir auparavant une place d'armes.

Lorsque j'entrai en Provence, la faute que je fis d'assiéger Marseille fut cause du mauvais succès de cette expédition, & des dangers où je fus exposé dans ma retraite; & ce qu'il y eut de pis, c'eſt que le péril où ſe trouva le Roi François lui fit ouvrir les yeux, & l'obligea de paſſer les Alpes, de s'aller poſter à Turin, & d'établir le ſiege de la guerre dans le Piémont, où les troupes Françoiſes ont toujours remporté depuis ce temps-là de grands avantages ſur les Eſpagnols. Par cette voye les François ont détourné la guerre du Royaume de France, outre le crédit qu'ils ont aquis auprès des Princes d'Italie; & s'ils euſſent ſu ſe prévaloir de leur bonne fortune, ils euſſent pu nous dépouiller d'une bonne partie des Etats que nous y poſſédons.

Tâchez donc de les attaquer dans leur Royaume, & de les prévenir; & lorſque vous ne pourrez pas le faire, agiſſez de tout votre pouvoir pour les éloigner de l'Italie, où vous avez peine de refaire vos armées. Outre que lorſqu'ils y remportent quelque victoire, ils encouragent les Princes d'Italie, & ſur-tout les Vénitiens, à former de nouveaux deſſeins.

C'eſt pourquoi, vous devez employer toutes vos forces pour recouvrer Sienne; ce qui ne vous ſera pas mal-aiſé, parce que le Duc de Florence, à qui le voiſinage d'une ſi puiſſante Nation donne de l'ombrage, favoriſera cette entrepriſe.

Etant maître de cette place, vous empêcherez que les Princes d'Italie ne penſent à aucun changement, & ce qu'il y a de plus important, vous romprez les attachemens qu'ils ont avec la France, en laquelle ils mettent toute leur confiance, parce qu'ils voyent les François dans le centre de cette Province; au lieu qu'ils ne compteroient pas sur eux, si l'on pouvoit les renvoyer dans le Piémont, & sur-tout si l'on les obligeoit à repasser les Alpes.

Il vous sera très-avantageux d'être informé de l'humeur & des inclinations des principaux Ministres du Roi de France, afin de vous en prévaloir dans les affaires que vous aurez à traiter avec cette Couronne; & si dans la suite, par le moyen de quelque mariage, ou de quelque Traité, vous pouvez lui ôter le Piémont, fermez les yeux à toutes sortes de considérations, pour en venir à bout.

Sur-tout employez toute votre adresse pour obliger les François à quitter les armes, & à demeurer en repos, parce que pendant la paix il vous sera facile de causer des tumultes dans ce Royaume; & si vous trouvez occasion de vous prévaloir de ces troubles intestins, ne la laissez point échapper.

Un des meilleurs effets que pourront produire ces désordres, c'est que pendant que les François seront occupés chez eux, ils ne pourront pas vous inquiéter en Italie, où est le plus fort nerf de votre puissance, & qui doit être le principal objet de vos soins.

Avant que les François possédassent le Piémont, vous n'aviez pas tant d'intérêt à veiller sur l'Italie, que vous en avez à présent. C'est pourquoi, dans les Traités que vous ferez avec eux, appliquez-vous entiérement à les détacher de ce Pays-là, parce que cela vous ſera beaucoup plus avantageux, que ſi du côté de la Flandre vous leur ôtiez la troiſieme partie de leur Royaume.

Puiſque nous ſommes entrés dans les affaires d'Italie, j'ajouterai à ce que j'ai déjà dit, qu'il faut que vous ſoyez toujours prêt à défendre le Pape, le ſiege Apoſtolique, les Cardinaux, les Evêques, les Prélats, & le Clergé, de même que la ſainte Foi Catholique.

Dans la promotion des Souverains Pontifes, empêchez qu'on ne prenne des voies obliques, & peu Chrétiennes, vous devant être indifférent lequel qu'on choiſiſſe, pourvu qu'il ſoit digne d'un ſi haut degré; car s'il a les qualités requiſes pour gouverner l'Egliſe, en lui rendant l'honneur que vous lui devez, vous ne manquerez pas de gagner ſon affection.

Les Etats de l'Egliſe ſont ſitués au milieu de l'Italie, & ils ſont tellement environnés des vôtres, que l'on peut dire, qu'ils leur ſont comme une Couronne. Ce qui doit contribuer à entretenir une étroite union, & une bonne correſpondance entre vous & les Papes.

Les Cardinaux qui ſeront dans vos intérêts vous aideront auſſi à gagner leurs bonnes graces, & à vous inſinuer dans leur amitié. Pour cet effet, vous devez tâcher de vous acquérir le plus grand nombre de Cardinaux que vous pourrez, tant des vieux, que des jeunes, comme il vous ſera aiſé de le faire, en les prévenant par honneur, & en leur accordant des bénéfices.

Il faut sur-tout mettre dans vos intérêts les favoris des Papes & leurs proches. Mais le principal est de ne leur faire aucune demande qui ne soit appuyée sur la justice; & dans les choses de grace, ne vous fondez que sur la bonté & la clémence du Saint Pere.

Permettez à la Cour de Rome de se prévaloir de toutes les commodités de vos Etats; & si vous êtes dans la nécessité de rompre avec le Pape, faites que tout le monde connoisse que ce n'est pas par votre faute, & que vous êtes prêt d'entendre toutes sortes de propositions d'accommodement, aimant mieux terminer votre différend par l'entremise de vos amis communs, que par la voie des armes, & agissez en sorte, que les effets répondent à vos paroles.

Quant aux Vénitiens vous pouvez vivre en paix avec eux, dans l'espérance que se consumant peu-à-peu, ils seront bientôt la proie de quelque Prince belliqueux, qui les assujettira sans peine. Mais si vous trouvez à propos de rompre avec eux, attaquez les brusquement, sans leur donner le temps de se mettre en défense, & de faire des préparatifs de guerre; car comme il y a long-temps qu'ils sont en repos, & qu'ils ont entiérement oublié le métier des armes, il y a apparence que vous remporterez de grands avantages sur eux avant qu'ils se réveillent de l'oisiveté dans laquelle ils vivent, où qu'ils se résolvent à faire les dépenses nécessaires pour vous résister,

résister, & qu'ils ayent repris les exercices de la guerre.

Lorsque vous les voudrez attaquer, faites tous vos efforts pour pénétrer dans le cœur de leurs Etats, afin de les contraindre à mettre de grosses garnisons dans les places fortes, parce qu'après cela, ils ne pourront plus tenir la campagne ; & tâchez de savoir si quelqu'une de ces places manque de Chefs, ou de Soldats, ou de provisions, ou s'il y a des gens mal-satisfaits du Gouvernement de la République, afin que vous puissiez vous en prévaloir. Lorsque vous en aurez pris une, pourvu que vous traitiez bien les Habitants, & les troupes qui y seront, vous pourrez par ce moyen engager les autres à se rendre à vous.

Si vous êtes Maître de la Campagne, toutes les places qui ne seront pas fortifiées, (dont le nombre est toujours le plus grand dans tous les Etats) seront en votre puissance, lorsqu'ils se mettent en état de vous donner bataille, ce qu'ils ne pourront faire qu'avec un grand désavantage, n'ayant que de nouvelles troupes.

Prenez garde qu'en Italie aucun autre Prince ne devienne trop puissant, quand même il seroit dans votre dépendance ; car il ne faut pas avoir moins de soin de tenir les amis dans les termes d'une grandeur médiocre, que d'abaisser ses ennemis. Il faut toujours supposer que ceux qui sont les plus attachés à vos intérêts, seront les premiers à se déclarer contre vous, si vos affaires commencent d'aller en décadence, ou s'ils y trouvent leur avantage.

Vous devez aussi compter, que toutes les puissances d'Italie désirent qu'il y ait un Duc particulier à Milan, & un Roi à Naples, & qu'ainsi ils voudroient bien demembrer ces Etats de ceux de la Couronne d'Espagne. Mais vous pourrez facilement empêcher que cela n'arrive, en mettant & en fomentant la division parmi les Princes de ce Pays-là, en y entretenant de bonnes troupes, en y envoyant d'habiles & de prudens Ministres, en bien traitant les Peuples, & en vous tenant bien uni avec les Papes. Car en Italie, on ne peut vous nuire que par le moyen des ligues, sur-tout si vous pouvez chasser les François au-delà des Alpes. Or il vous sera aisé de découvrir les Traités qu'on aura faits contre vous, de les éluder, & de désunir les puissances alliées; & quand vous n'en pourriez pas venir à bout, vous savez qu'on n'a pas grand sujet de s'allarmer de ces sortes de confédérations.

J'aurois encore à vous parler de l'Italie en général, & en particulier de chaque Etat de ce Pays, & à raisonner touchant les affaires d'Angleterre, d'Allemagne, de Flandre & des Suisses. Mais parce qu'il est tard, & qu'autrefois je vous ai entretenu au long de ces choses, je finirai ce discours en vous disant, que si suivant les avertissemens que je viens de vous donner, vous faites paroître de la vertu & de la magnanimité dans toute votre conduite, vous montrerez que ceux-là ſe trompent qui attribuent à la fortune les heureux ſuccès des hommes. Il eſt vrai, que Céſar & les autres prudens & vaillans Capitaines de l'antiquité, ont ſemblé donner dans cette opinion. Mais ils ne l'ont fait que pour s'acquérir une plus grande eſtime, & qu'afin qu'on les regardât avec vénération, comme des perſonnes que le Ciel, par une grace particuliere, avoit choiſies pour faire des exploits extraordinaires. Je prie Dieu que tout ce que vous entreprendrez réuſſiſſe pour ſa gloire, & qu'il vous comble de ſes bénédictions, comme je vous donne la mienne.

FIN.

www.ingramcontent.com/pod-product-compliance
Ingram Content Group UK Ltd.
Pitfield, Milton Keynes, MK11 3LW, UK
UKHW022120190726
13855UKWH00003B/973